photo 김권일

CLASSIC CAR
in Kansai

황욱익 지음

photo 김권일

추천사

열정이 있는 남자들의 이야기다. 깨지지 않는 꿈의 근원을 찾아가는 그들의 일정은 그래서 더 값지다. 에너지 넘치는 열정을 한 권의 책으로 풀어내기란 여간 어려운 일이 아니다. 언제나 그들을 응원한다.

〈드리프트 킹, ATRA 고문〉 츠치야 케이치

싸움닭, 황욱익 컬럼니스트가 써 낸 의외로 잔잔한 자동차이야기. 차는 가격보다 가치가 중요하다는 메시지를 던진다.

〈크리에이터〉 남궁연

국내의 척박한 클래식카 생태계에서 한줄기 불빛과 같은 진귀한 이야기. 우리가 미처 몰랐던 클래식카의 치명적인 매력과 일본에서 경험한 생생한 에피소드는 단숨에 빠져들게 한다. 그 매력의 원천은 클래식카를 닮은 필자의 열정과 순수함에 있지 않을까?

〈car〉 매거진 편집장 최윤섭

일본 클래식카 마니아들의 삶을 담아낸 문장 하나하나, 사진 하나하나에 현장의 생생함이 넘친다. 당신이 클래식카 마니아라면 이 책을 보지 않는 편이 나을지도 모른다. 그네들의 삶이 한없이 부러울 테니까. 클래식카 문화가 전무한 우리에게 이런 귀한 이야기를 전해 준 저자에게 박수를 보낸다.

〈자동차생활〉 편집장 박지훈

앞뒤 재지 않고 달려드는 황욱익은 돈키호테를 닮았다. 더도 덜도 없이 딱 본만큼 얘기하는 이야기는, 그래서 재미있고 생동감이 넘친다. 곰팡이 냄새가 날 것 같은 클래식카를 피가 뚝뚝 떨어지는 레어 스테이크처럼 요리할 수 있었던 건, 순수한 열정 때문이라 감히 단언한다.

〈오토다이어리〉 편집장 오종훈

클래식카는 근사하다. 우리가 닿을 수 없는 시대의 고귀함이 흐른다. 하지만 스토리가 없다면 그저 장식품에 지나지 않을 것이다. 이 책은 클래식카와 더불어 오늘을 살아가는 사람들의 이야기가 담겨 있다. 직접 발품을 팔아 날것의 재미를 전해주는 마니아적인 고집 또는 순수함이 만든 역작이다. 자동화와 인공지능의 시대에 오히려 권하고 싶다.

〈오토카코리아〉 편집장 최주식

이 책은 클래식카 소개서가 아니다. 자동차 문화를 찾아 떠난 여정의 기록이다. 원정대의 시선이 머문 지점 역시 자동차가 아닌, 자동차를 사랑하는 사람들이다. 그들의 애틋하고 흥미진진한 이야기를 읽으며 가슴 깊이 공감하고 감동했다. 그리고 규제 때문에 이런 문화가 싹 틀 기회조차 없는 우리 현실에 가슴이 아렸다.

〈로드테스트〉 편집장 김기범

이 순간이 지나면 다시는 옛 모습으로 돌아갈 수 없는 인간과 달리 이 책에 실린 클래식카는 자존의 위엄을 보존하며 그때의 영광과 향수를 오롯이 전하고 있다. 역사와 철학이 클래식카 안에 기거하고 있는 것이다. 작가는 이 책을 통해 그동안 방치해둔 경건한 시간의 의미를 일깨우고 있다.

〈모터매거진〉 편집장 이승용

이 책은 일본 클래식카 문화에 대한 막연한 동경으로 채운 책이 아니다. 선진 자동차 문화의 길이 클래식카에 있음을 강변하는 책도 아니다. 그보다는 자동차와 깊은 사랑에 빠진 어떤 우직한 남자의 연애편지에 가깝니다. 그 애틋하고 우직한 순정은 독자의 마음에까지 다다르고 결국 이런 울림을 만든다. "나도 이런 사랑을 하고 싶다."

〈모터 트렌드〉 한국판 편집장 김형준

아직 우리들이 가지 못했지만 언젠가는 가야만 하는 길을 황욱익 칼럼니스트가 소개했다. 여태껏 남들과 다른 길을 걸어온 그이기에 이 책을 더욱 챙겨야할 필요가 있겠다.

〈탑기어〉 한국판 편집장 박영웅

들어가며
클래식카 원정대가 이번에는
칸사이 지역을 다녀왔다

감사하게도 이번에는 자동차 칼럼니스트인 황욱익씨가 바통을 받아 원고와 편집을 담당해 주었다. 오사카를 중심으로 칸사이 지역의 클래식카들을 찾아다니고 보기 힘든 자동차들을 만날 때마다 흥분해서 아이처럼 좋아하는 우리 일행들을 보면서 나 자신도 오래 전부터 자동차를 흠모했던 것 같은 착각에 빠지기도 했다. 분위기에 휩쓸리다 보니 어줍지 않게 예전부터 클래식카를 몇 대 씩 가지고 있는 사람처럼 아는 척을 하게 된다.

하지만 나의 자동차 사랑 역사는 그리 길지 않다. 지금도 낯선 자동차들을 만나면 오너는 어떤 사람인지, 이런 자동차를 어떻게 자신한테 맞추어 타고 다니는지 등 본래 자동차보다 자동차 외적인 부분에 더 관심이 많이 간다. 생각해 보건데 아마 이런 시선들이 내가 클래식카에 대해 점점 더 관심을 가지게 되는 이유일 것 같은 생각이 든다. 휘황찬란한 조명과 함께 멋진 늘씬한 여자들과 같이 있는 신차 발표장의 반짝거리는 자동차보다 광택이 덜 나더라도 오너의 라이프스타일이 묻어있는 빈티지한 느낌을 가진 차에서 뭔가 진짜 자동차 냄새를 느낄 수 있는 것은 왜 일까. 아직 국내에 돌아다니는 차들도 많이 접해 보지 못한 내가 클래식카 원정대에 동참하면서 시신경을 포함한 온 몸의 신경이 호사를 누리고 있다고도 생각된다. 하지만 원정 속에서 중요하게 느껴지는 것은 클래식카라는 것이 가격이나 브랜드의 가치가 일 순위가 아니라 오래된 차를 타며 불편함을 즐기고 특정한 공간들을 중심으로 서로의 자동차라이프들을 이야기하며 공감대를 형성하는 것이 너무나도 자연스럽고 각자의 다양한 자동차라이프들이 인생을 풍요롭게 하고 있다는 점이다. 정말 빠르게 바뀌는 세상이다. 아마 앞으로는 더더욱 빨라질 것 같다. 너무나도 편리하고 현명하게 시공간을 초월하여 서로 비슷해져 가고 있는 현실에서 조금은 불편하고 손이 많이 가지만 애정을 가지고 천천히 즐기는 클래식카 문화는 자동차 세상뿐만 아니라 세상을 여유롭게 즐길 수 있는 하나의 아이콘이 될 수 있을 것이다.

콜라보엑스 최윤석

Prologue
깨지지 않는 꿈
그 원류를 찾아서

photo 류장헌

자동차 업계에서 일 하면서 가장 많이 듣는 질문 세 가지가 있다. '시속 몇 킬로미터까지 밟아보셨어요?' '평소 어떤 차 타세요?' '당신에게 자동차는 어떤 존재입니까?' 첫 번째와 두 번째 질문은 상당히 고리타분하고 재미없는 질문이다.

그러나 세 번째 질문에는 다양한 대답이 나온다. 우선 자동차는 필자에게 '깨지지 않는 꿈' 그 자체이다. 어린 시절 꿈에서 가능했던 차들이 매년 수없이 등장하고 그 꿈은 지금도 계속 진행 중이다. 하지만 너무 많은 사람들이 그 꿈을 쫓는 나머지 순수했던 의미는 과장된 마케팅과 허세 가득한 화장발로 점철된 지 오래다. 클래식카에 관심을 갖게 된 계기가 거기에 있다. 순수했고 깨지지 않는 꿈의 원류라고 표현하면 딱 맞을 것이다. 솔직하게 얘기하자면 성능도 좋고, 편의장비와 안전장비 가득한 요즘 차들에 흥미를 잃은 지 오래다. 현대의 자동차 업계가 조금씩 지겨워질 무렵 그 꿈이 시작된 곳은 어디일까? 라는 생각을 하게 되었다.

이번 여정은 원류를 찾아가는 여정 중 두 번째의 이야기이다. 평균 기온 섭씨 35도와 높은 습도로 한증막 같았던 7월의 칸사이 지역은 사실 다시는 가고 싶지 않을 정도로 더웠다. 그러나 약 일주일 남짓 취재 기간은 매우 즐거운 추억이 되었다. 덥고 습하고 푹푹 찌는 열기가 가는 곳 마다 가득했지만 다음 행선지가 매우 기다려졌다. 순수함을 찾아가는 학습 여행은 그래서 즐거움이 가득했다. 때로는 불편하기도 했고, 때로는 까다롭기도 했지만 그 안에서 많은 친구들과 인생 선배들을 만났다. 무엇보다 기억에 남는 것은 화장발이 아닌 자연 그대로의 아름다운 모습과 원초적인 모습을 간직한 오래된 자동차들이다. 오래된 자동차들에 얽힌 이야기나 추억, 특별함을 찾을 때마다 어린 아이처럼 흥분을 감추지 못 했던 모습은 정말 오랜만이었다.

문화란 절대 하루아침에 이루어지지 않는다. 더군다나 4만 5천 개의 부품이 유기적으로 움직여

야하는 자동차에 관련된 문화는 더더욱 과거의 것들이 소중하고 하루하루가 쌓여 전체적인 모습이 된다. 유럽이나 일본 등 해외를 돌아보면서 가장 부러웠던 부분이기도 하다.

혹자는 묻는다. 지금 이런 과정이 어떤 의미가 있느냐고. 말은 정확하게 했으면 좋겠다. 의미 같이 거창한 주제 말고 어떤 경제적 이익이 있냐고 솔직하게 묻는게 오히려 더 설득력이 있을 것이다. 어떤 일을 기획할 때부터 계산기를 두들기고 숫자 놀음으로 시작하려고 하면 지금 한국 자동차 업계가 원하는 방식이 맞을 것이다. 그러나 역사와 문화가 없는 상황에서 자동차는 유희거리도 아니고 엔지니어링의 상징도 아닌 단지 소비자와 생산자의 경제력을 나타내는 '허세' 이상의 의미를 가질 수 없다. 숫자는 자동차의 여러 가지 매력 중에 단 1%도 차지하지 않기 때문이다.

'역사를 잊은 민족에게 미래는 없다.'는 말이 있다. 이 말은 지금 우리의 모습을 정확하게 나타낸 말이다. 다른 분야는 잘 모르겠지만 길다면 길고 짧다면 짧은 50년 남짓한 한국 자동차 역사에 클래식이 없는 이유다. '우리의 자동차 업계에 미래가 있을까?' '혹은 우리는 역사적으로 의미가 있는 자동차를 한 대라도 만든 적이 있는가?' 라는 질문에 명확하게 대답할 사람은 아무도 없을 것이다.

이 책의 목적은 누군가는 해야겠지만 경제적인 타당성이 낮다는 이유로 등한시해 왔던 작업의 과정을 보여주는 것이다. 숫자 놀음으로 자동차를 이야기 하려는 누군가와 새것만이 최고라고 여기는 누군가에게는 아주 쓸모없고 소모적으로 치부될 수도 있지만 자동차 마니아와 자동차 문화를 생각하는 사람을 위한 아주 작은 선물이다.

아울러 업계 쌈쟁이, 투덜이로 불리는 필자에게 언제나 내편이 되어주고 항상 조언을 아끼지 않는 선배님들과 후배님들을 비롯해 이 책이 나올 수 있도록 물심양면으로 도와주시고 관심 가져주신 여러분들에게 이 자리를 통해 깊은 감사의 말을 전하고 싶다. 아마도 그 은혜를 갚기 위해서는 소로 몇 번을 환생해도 부족할 것 같다.

자동차 칼럼니스트 황욱익

NISSAN SKYLINE GT-R volume 2

PORSCHE THE FINE ART OF THE SPORTS CAR

917 Die Helden, die Siege, der Mythos / The Heroes, the Victories, the Myth

Die Ära der Porsche Prototypen
Thomas Nehlert / Jost Neßhöver / Rainer Roßbach / Harold Schwarz

PORSCHE

American Muscle
Bill Oursler

Ferrari
Randy Leffingwell

- Porsche 911 Buyer's Guide
- Blue & Orange
- The Definitive SHELBY MUSTANG Guide 1965-1970
- Ford at Mans
- McQueen's Machines: The Cars and B... of a Hollywood...

목 차

20   원정대의 기록을 시작하기 전에
        히스토리가 담긴 아름다운 기계
        클래식카 연대기와 올드 타이머, 영 타이머
        오래된 차는 무조건 클래식카?
        클래식카는 부자들의 취미?
        클래식카 문화를 찾아 삼만 리

CHAPTER 1
Hot Spot

32   헌터 커브 스페셜리스트
        MONO CILINDRO

38   100년 기업을 꿈꾸는 시트로엥 스페셜리스트
        AUTO NEEDS

46   클래식카를 즐기는 공간과 헬멧 컬렉터
        클래식카.jp

52   클래식카.jp의 또 다른 공간
        나라 개라지

58   History, Passion, Enjoy
        Garage Party in Kyoto

CHAPTER 2
Enjoy Classic Car

70   칸사이 지방 마니아들의 성지
        모터쇼보다 더 볼게 많은 타카오 선데이 미팅

76   우연찮게 일본에서 계를 탔다.
        알파 로메오 2000GTV와 와인딩을 누비다!

84	30년 동안 자동차만 바라본 자동차 평론가 영원한 스포츠카 소년, 니시카와 준
90	포르쉐가 인생이 된 사람들 〈911 데이즈〉의 히비노 마나부와 세키 토모노리
94	한류 팬의 올드카 사랑 마키노 씨의 특이한 자동차들
104	와인과 재즈, 포르쉐가 함께 있는 공간 이름없는 개라지

CHAPTER 3
Museum

114	오사카의 외곽의 새로운 랜드 마크 G 라이온 뮤지엄
124	일본 자동차 산업의 역사를 보다 토요타 오토모빌 뮤지엄
134	Japanese Vintage
141	Epilogue
142	INDEX
144	판권

Please ta[ke]
to get on th[e]
From

원정대의
기록을
시작하기 전에

복고가 유행이다. 매스미디어의 영향도 있겠지만 유행은 돌고 돈다는 말이 있지 않은가. 사회전반에 주 소비층으로 자리 잡은 3040 세대들이 어린 시절을 추억하면서 시작된 복고 트렌드는(정확하게는 일종의 추억 팔이)는 다양한 분야에서 나타나고 있다. 그런데 한 가지 아이러니한 사실은 이런 복고 혹은 추억의 재생산이 자동차 분야에서는 아직 전무하다는 점이다. 물론 우리나라의 이야기다.

필자는 어린 시절을 유복하게 보냈다. 정확히는 중학교 무렵 집안의 사업이 망하기 전까지이다. 또래에 비해 아주 넉넉하지는 않았지만 또래에 비해 많은 것을 누리며 학창 시절을 보냈다. 한창 한국 사회가 잘 나간다고 평가되던 중학교 3학년 때인 1990년대 초반까지 말이다. 지금은 다양한 자동차 계통에서 일하고 있는데 자동차 역시 필자의 인생에 큰 영향을 미쳤다. 차가운 금속 기계 덩어리에 대한 매력을 이해 못하는 사람이 많지만, 태어나서부터 자동차와 함께했다는 추억은 이쪽 계통에서 일 하는 데 많은 도움이 되고 있다. 처음 기억하는 아버지의 차는 하얀색의 토요타 코로나였다. 이후 포드 코티나 마크 IV와 코티나 마크 V, 로열 레코드, 현대 포니 엑셀, 스텔라, 쏘나타, 머큐리 세이블 등 나름 한 시대를 풍미했던 자동차들이 우리집에 있었다. 시간이 흘러 필자 역시 자동차를 소유하고 자동차 계통에서 일하면서 많은 자동차들을 경험했지만 어린 시절 추억이 담겨 있는 차를 다시 만나기란 쉽지 않다.

클래식카 인 칸사이

히스토리가 담긴 아름다운 기계

요즘 차들은 평균적으로 성능 자체과 품질이 매우 좋다. 잘 달리고, 잘 서고, 실내도 화려하고, 운전자의 의도보다 먼저 반응한다. 그러나 자동차 문화가 성숙한 유럽이나 미국, 일본에서는 새로운 모델들 뿐 아니라 오래된 모델들도 꾸준한 인기를 얻고 있다. 성능이나 효율은 21세기에 등장한 차들이 월등하지만 오래된 차들이 자동차 문화의 한 축을 차지하고 있는 것은 자동차 역사에 대한 경배와 풍요롭던 시절의 향수와 추억이 있기 때문이다. 그러나 오래된 차를 바라보는 우리의 인식은 약간 다르다. 만약 당신이 첫 국내 생산 차로 기록된 시발택시나 현대자동차의 첫 모델인 포니를 직접 운전해 강남 한복판에 나간다고 가정해 보자. 대부분의 사람들은 아마도 당신을 자동차 마니아가 아닌 지독한 구두쇠 정도로 치부할 것이다. 고도의 경제 성장 속에 우리가 얻은 것은 많다. 하지만 우리는 자동차를 통해 느끼고 즐길 수 있는 멋을 항상 잊고 살아온 것만은 부인할 수 없으며 제한된 이동수단 외에 자동차를 즐기지 못하고 살아왔다. 선진국의 자동차 문화에서 큰 자리를 차지하고 있는 클래식카와 올드카는 그래서 존재의 이유가 있는 것이다.

클래식카 연대기와 올드 타이머, 영 타이머

사실 클래식카와 올드카에 대한 기준은 여러 가지가 있다. 올드카라는 말은 일본에서 처음 사용된 말로 주로 마지막 생산으로부터 30년 이상 된 차를 의미한다. 우선 유럽과 미국, 일본의 클래식카 기준은 크게 두 가지로 나뉜다. 1927년부터 1957년까지 개최된 밀레 밀리아(Mille Miglia) 레이스 시절에 생산된 차(세계2차대전 전후)와 전자제어 엔진의 대량 생산이 시작된 1975년까지의 기계식(카뷰레터) 엔진제어 차로 구분된다. 최근에는 1975년 이전 생산차로 한정하는 경우도 많다. 올드카는 보통 최초 생산일 이후부터 약 20년 이상 된 모델을 뜻한다. 몇 년 전까지 삼성교통박물관에서 열렸던 올드카 페스티발의 참가 자격도 차령 20년 이상에 기준을 두었다. 포드 머스탱이나 썬더버드처럼 같은 모델명으로 20년 이상 생산된 차의 경우 세대에 따라 클래식카와 올드카로 나뉘기도 한다.

좀 더 자세히 들어가면 세분화된 기준을 알 수 있는데 1913년까지 생산된 차를 베테랑카, 1913년부터 1930년까지 생산된 차를 빈티지카, 1931년부터 1957년까지 생산된 차를 빈티지 클래식카, 1958년부터 1975년까지 생산된 차를 클래식카, 1976년 이후 생산된 차를 통칭 올드카라고 부른다. 이 기준은 세계적인 클래식카 전시회이자 경매인 콩코르소 델레간차와 굿우드, 페블비치 콩쿨 델레강스에서 사용했던 기준이기도 하며, 국제적인 클래식카 랠리를 주관하는 FIVA(Federation Internationale Vehicules Anciens)에서 가장 먼저 정립한 것이다. 그러나 시간이 흐를수록 연대 구분이 모호해지면서 연대별이나 특정 연대의 특정 메이커 생산 모델로 구분하는 경우가 늘어나고 있다. 독일에서는 최종 생산 연도 기준 30년 이전을 올드 타이머, 30년

이내를 영 타이머로 구분하기도 하는데 이 역시도 매년 구분된 차종이 달라지므로 편의를 위해 구분한 것이다.

아쉽게도 한국에서는 아직 클래식카와 올드카에 대한 정확한 구분이나 소비층에 대한 통계자료가 전혀 없다. 국토교통부에 등록된 자동차 등록 명부를 열람해 보면 최소한 3,000대 이상의 정상 등록된 클래식카가 있으며, 번호판이 없는 수집용 차까지 포함하면 그 숫자는 약 5,000대 정도로 추정된다.

오래된 차는 무조건 클래식카?

이 부분에 대해서도 명확하게 기준이 있는 것은 아니다. 단, 시대상을 대표하거나 디자인 구분이 확실한 것, 희소가치가 높은 것이 중요한 기준으로 크게 작용한다. 주로 대량 생산된 차들보다 소량 생산된 차들이 가치가 높은 것은 당연하지만 포르쉐 356이나 알파 로메오 줄리아처럼 비교적 생산대수가 많고 대중적이라 하더라도 클래식카에 해당된다. 이 역시도 상당히 모호하지만 꾸준한 수요가 있고 시세가 높게 형성되어 있는 경우도 많다. 또한 성능과 역사, 전통, 철학 역시 클래식카에서는 매우 중요한 요소이다.

클래식카 시장에서 가장 각광을 받고 있는 차들은 1950년대부터 1970년대 사이에 생산된 이탈리아 차들이다. 자동차 회사가 엔진과 섀시를 만들고 카로체리아가 보디를 만드는 협업이 오래전부터 발달한 이탈리아는 같은 모델이더라도 어느 카로체리아가 디자인한 보디를 채택했

느냐에 따라 그 가치가 천차만별로 달라진다. 알파 로메오나 페라리, 마세라티의 클래식 모델들은 생산 대수는 적지만 같은 카테고리 안에서도 각기 다른 개성을 지닌 모델들이 많다. 더군다나 생산 대수가 100대 미만 혹은 50대 미만이거나 그 이하로 떨어지면 가격은 천정부지로 치솟는다.

클래식카는 부자들의 취미?

반드시 그런 것은 아니다. 일본이나 유럽, 미국에는 부호들이 수집한 차들도 많지만 의외로 일반인들 사이에서도 인기가 높다. 특히 대량 생산 모델 중에는 시세도 안정되어 있고 생각보다 가격이 비싸지 않은 모델도 많다. 알파 로메오의 줄리아 시리즈나 MG, 카르만 기아 같은 차들은 누구나 쉽게 구입할 수 있으며 구조가 간단하고 정비가 쉬워 클래식카 입문자들에게 인기가 많다.

부품 공급 역시 해외에서는 원활한 편이다. 일반 카센터에서 정비도 가능하고 부품 수급에 큰 어려움은 없으며 일부 차종은 현재까지도 오리지널 부품이나 대체 부품을 생산되고 있는 경우도 있다. 물론 일본이나 유럽, 미국의 이야기다. 한국은 아직 제도 문제로 클래식카를 수입하려면 차 값보다 인증비용과 등록비가 더 비싸지는 기형적 구조가 발목을 잡고 있다. 현재 우리나라에 수입할 수 있는 차는 2005년 이후 생산된 차 중에 OBD2가 기본 설치되어 생산된 것으로 한정된다. 엄격해진 배기가스 기준을 만족시켜야 하는 것은 물론이고 OBD2가 없는 차는 인증

이 아예 거부되기도 한다. 반면 자동차 역사가 길고 제반사항이 탄탄한 일본이나 유럽, 미국은 나름의 기준을 가지고 있는데 대부분은 생산 연도의 배기가스 기준을 적용해 등록이 가능하다. 물론 등록은 가능하지만 그에 따른 세금이나 환경 부담금이 별도로 더해지기도 한다.

이삿짐이나 병행 수입하는 방식으로 국내에 반입되는 경우도 심심치 않게 볼 수 있지만 이 역시도 일반인들에게 쉬운 일은 아니다. 여기에 사후 관리나 정비까지 생각하면 한국에서 클래식카를 소유하고 유지한다는 것은 매우 어려운 일이다. 하다못해 오래된 국산차를 구입한다고 하더라도 대부분은 마땅히 정비할 곳이 없어 포기하는 경우가 많다. 그러나 자동차 선진국의 예를 살펴보면 클래식카 시장이 자동차 시장의 가장 마지막 단계라는 것을 알 수 있으며, 자동차 문화의 큰 축을 이루고 있다는 것을 알 수 있다.

클래식카 문화를 찾아 삼만 리

처음 클래식카에 대해 관심을 갖게 된 개인적인 계기는 단순히 '허세 마케팅으로 점철되고 화장발로 무장한 요즘 차들이 재미없어서' 였다. 사람에 따라 다르겠지만 21세기의 차들은 편의성과 성능, 안전규정에 집중한 나머지 자동차가 가진 멋스러움이나 낭만을 느낄 수 없다. 더군다나 국산 자동차 업체조차도 보존하고 있는 과거 자료가 거의 없다는 사실을 알게 되었을 때는 그야말로 '문화적 충격'에 빠졌다. 한국에도 클래식카를 모아 놓은 몇몇 박물관과 관련 업체가 있지만 방문했을 때의 실망감은 이루 말로 표현할 수 없을 정도로 참담했다. 고증은 둘째 치고 관리조차 제대로 되지 않은 차들이 클래식카 혹은 올드카라는 이름으로 전시되는 모습을 보고 낙후된 한국의 자동차 문화를 확인하는 것이 전부였다.

새로운 관심 분야가 생긴 것만큼 즐거운 일은 없다. 여기저기 인터넷을 뒤져 보니 그나마 일본에 클래식카에 대한 자료가 많고 나름의 시장을 형성하고 있다는 사실을 알게 되었다. 궁금한 것은 못 참는 성격이라 바로 '클래식카 원정대'라는 거창한(?) 이름의 팀을 꾸렸다. 클래식카 종주국이라 할 수 있는 미국과 유럽 대신 가까운 곳부터 시작하기로 목표를 세운 원정대는 2014년 10월 도쿄를 비롯한 칸사이 지역을 시작으로 일본 전역에 클래식카 전문 숍과을 방문하고 관계자들을 만나 그들의 이야기를 듣고 자동차 문화에 대한 것들을 배우기로 결정했다. 2015년에는 일본의 칸사이 지역을 방문했다. 전통적으로 일본에서 가장 높은 소득 수준을 자랑하는 칸사이 지역은 예로부터 무역과 상업의 중심이었다. 거품경제 시절 대부분의 클래식카가 칸사이 지역을 통해 들어왔으며, 그 명맥은 지금까지 이어오고 있는데 그래서 칸사이 지역은 클래식카 관련 전문 숍이나 문화가 다른 지역에 비해 발달해 있다. 1867년까지 일본의 수도이자 정치, 경제, 문화의 중심지였던 쿄토를 중심으로 원정대는 코베, 오사카, 나고야, 토요하시, 토요타시 등의 지역에 있는 클래식카 관련 전문 숍과 박물관, 이벤트 등을 방문하고 저널리스트와 마니아 등을 인터뷰해 기록을 모았다.

원정대의 목적은 하나다. 자동차 문화 후진국이라는 오명을 안고 있는 한국 자동차 시장에 다양한 자동차 문화를 소개해 자동차를 즐기는 다양한 방법을 알리는 것이다. 물론 제도와 법률적인 문제가 당면 과제로 남아 있지만 많은 사람들이 자동차를 통해 즐거움을 공유할 수 있도록 작은 것부터 시작하는 것에 의미를 두고 있다.

CHAPTER 1
Hot Spot

MONO CILINDRO
AUTO NEEDS Citroën
Classiccar.jp
Nara Garage
Garage Party
Mick's LOTUS

헌터 커브
스페셜리스트
MONO CILINDRO

진한 붉은 색의 노출된 차체, 군데군데 빛나는 크롬 부품, 익숙한 엔진 소리와는 다르게 어딘가 생소한 느낌을 주는 이 모터사이클의 이름은 혼다 CT110, 일명 '헌터 커브'라고 불린다. 세계적인 기업인 혼다에서 제작한 슈퍼 커브(Super Cub)를 기반으로 제작한 시티 백(Citi 100)이 대한민국의 온 땅을 뒤덮고 있지만, 막상 헌터 커브는 한국에서 가장 희소성이 높은 모델로 꼽을 수 있을 정도로 보기 드물다.

칸사이 국제 공항에서 내려 오사카 만을 따라 코베로 넘어가는 길목에 위치한 니시노미야시(西宮) 시. 고시엔(甲子園, 일본의 인기 고등학교 야구대회 또는 대회가 열리는 곳의 지명)으로 유명한 이 조용한 동네의 한적한 곳에, 헌터 커브만을 전문적으로 다루는 숍이 있다는 소문을 듣고 찾아갔다.

모노 실린드로(Mono Cilindro), 이탈리아어로 '단기통' 혹은 혼다의 대표적인 엔진인 횡형(가로배치) 단기통 엔진을 일컫는 이름이다. 단기통 모터사이클, 그 중에서도 헌터 커브만을 전문적으로 다루는 리스토어 숍 모노 실린드로와의 첫 만남은 상상할 수 없을 정도로 신선한 경험이었다. 일행들과 함께 렌트카에서 내려 찾아간 매장 앞에는 새차에 가까운 노란색 헌터 커브가 반짝이고 있었다. 공장에서 갓 출고한 듯 깨끗한 도장과 반짝이는 스페셜 오더 부품들을 보고 있자니, 여긴 범상치 않은 곳이라는 것을 누구라도 느낄 수 있을 정도였다.

주택가에 위치한 생각보다 아담한 매장에 들어가자 수많은 70~90년대의 장난감과 포스터, 수북이 쌓인 신품 바이크 부품이 가득했다. 한 가운데에는 전시차로 보이는 짙은 빨간색의 헌터 커브가 매장 앞의 바이크보다도 깨끗한 상태로 놓여있었고, 우리는 충격과 흥분 속에서 연륜이 느껴지는 모노 실린드로의 나츠카와(夏川) 모노 실린드로 대표와 첫 인사를 나눌 수 있었다. 모노 실린드로에서는 단순히 바이크를 취급하는 숍이 아닌, 시대적인 문화 콘텐츠를 함께 다루고 있다는 느낌을 받았다. 이는 이후 일본에서 찾아간 모든 클래식카 숍에서도 공통적으로 느낄 수 있었다. 마치 그 시절을 박제한 듯 애정 어린 컬렉션을 구경하면서, 서서히 떠오르는 궁금한 부분들을 하나씩 여쭤보기 시작했다.

1970년대부터 80년대까지, 각 모터사이클 제조사에서는 Agriculture Bike(농업용 바이크), 줄여서 AG바이크라는 별칭으로 농업, 사냥용 바이크를 주요 라인업으로 10종 이상 양산했다고 한다. 세금 등에서도 혜택이 있었고, 기능과 미학이 합쳐진 아름다운 바이크로 많은 사람들에게 사랑받아왔다. 1997년 오스트레일리아의 포스티(Postie, 우편사업) 바이크로 채택되며 수요는 꾸준히 존재했으나, 결국 단종되면서 바이크와 파츠 모두 구할 수 없는 상황이 시작되었다. 기능미를 집결한 아름다움을 앞으로도 즐길 수 있도록, 오직 CT110, 헌터 커브를 전문적으로 다루는 곳으로 만들기로 결심한 것이 27년 전이다. 그 이후로도 모노 실린드로는 많은 사람들이 이 AG 바이크를 통해 삶을 즐길 수 있도록 하는 것이 목표라고 한다.

매장에서의 짧은 대화를 마치고, 멋진 것들을 보여주겠다는 나츠카와 대표는 우리 일행을 건너

편 창고로 안내했다. 헌터 커브 신차, 중고차들이 새로운 주인을 기다리는 대형 창고였다. 창고에 들어가자, 영롱한 빨간색의 차대 수십 개가 일렬로 놓여있는 모습이 눈을 가득 채웠다. 미묘한 차이가 보이는 다른 시기의 차종들이 한데 모여 있었으며, 그 외 다른 소장용 단기통 바이크들이 호기심을 자극했다.

정비와 세팅, 보관을 함께 하는 창고 역시 건너편 사무실과 마찬가지로 아기자기한 포스터와 장난감이 가득했고, 대를 이어 모노 실린드로를 함께 꾸며가는 나츠카와 대표의 아들 나츠카와 마사히로도 만날 수 있었다. 눈부신 붉은 풍경 속에 눈에 들어오는 색다른 물건들이다. 족히 20년은 함께 했을 법한 다양한 공구들 사이에서 헌터 커브에 대한 질문을 이어갔다.

105cc의 작은 횡형 엔진에서 나오는 7.6마력, 0.85 kg·m의 힘. 혼다에서 새롭게 출시한 인젝션 사양의 크로스 커브와 비교해도 거의 차이 없는 성능. 하지만 구형 헌터 커브는 엔진의 힘이 바로 전달되는 소(小)기어 근처에 하이-로우 스위치가 놓여있어, 임도나 오프로드 등 험로에 들어갈 경우, 로우 기어를 설정해 강한 토크를 발생시킬 수 있도록 되어있다(후기형 모델은 몇 가지 디자인 변경과 함께 이 기능도 함께 사라지긴 했다).

뛰어난 연비와 내구성을 바탕으로 호주와 뉴질랜드의 임도를 달려온 헌터 커브. 슈퍼 커브와 마찬가지로 복잡한 클러치 조작이 필요 없는 관성 클러치, 흙길을 주파하기 위한 스포크휠과 포크, 얕은 개울 정도는 쉽게 지나갈 수 있도록 설계한 업 머플러, 별도 장비로 제공하는 사냥용 총걸이와 낚시대 걸이, 한결 같은 60km/리터의 뛰어난 연비 등, 나츠카와 대표의 친절한 설명을 들으면서 헌터 시리즈가 왜 사랑할 수밖에 없는 바이크인지 하나씩 설득당하고 말았다. 모노 실린드로에서는 리스토어를 할 뿐 아니라 최신 규격에 맞게 새로운 부품들을 생산하고 있으며, 편의 사항 또한 꾸준히 개발하고 있다고 한다. 그 외에도 고객의 입맛에 따라 도색을 변경하거나 원하는 목적에 맞춰 높은 규격의 부품을 장착하는 등, 나만의 바이크를 만들어 가는 즐거움도 주고 있다.

"혹시 소리를 한 번 들어볼 수 있을까요?" 호기심 가득한 짓궂은 질문이었지만, 나즈카와 대표는 흔쾌히 반짝이는 20대 가량의 헌터 커브 중 아무 녀석이나 골라잡고 바로 시동을 걸었다. 너무나도 매끄럽고 조용한 배기음이 분위기가 묘하다. 살짝 스로틀을 당기자 부드럽게 치고 올라오는 토크감도 있고 장난감 같이 아기자기한 바이크의 매력에 흠뻑 젖을 수밖에 없었다.

헌터 커브에서 살짝 고개를 돌리자, 단기통 AG 바이크의 또 다른 즐거움을 느낄 수 있는 혼다 FAT CAT, 스즈키 TF125 같은 희귀한 농장용 바이크나, 도심 주행용으로 최적화 된 웨이브(Wave)의 170cc 보어 업 모델 같은 보기 드문 녀석들도 눈에 들어오기 시작했다. 마찬가지로 모두 새로운 주인을 기다리는 녀석들이었고, 최상의 상태로 새로운 오너를 만날 수 있도록, 깨끗하게 관리, 보관되어 있었다.

즐거운 만남의 시간에는 필히 이별이 찾아오는 법. 우리는 너무나 즐거운 시간을 기념하기 위해 다 함께 모여 단체 사진을 찍었다. 환히 웃으시는 나즈카와 부자의 얼굴에서, 클래식 바이크를 사랑하는 열정을 충분히 나누었다는 것을 느꼈다. 그리고 원한다면 언제든 다시 찾아오라는 말이 너무나 감사하게 느껴졌다.

떠나기 전 챙겨주신 앙증맞은 악어 모양의 모노 실린드로 스티커와 함께 여행의 즐거운 첫 만남을 마무리 지었다. 동그란 라이트, 귀여운 윙커, 그리고 은근히 남성미 넘치는 차체와 스포크 휠. 곁을 스쳐가는 바이크가 아닌, 오랜 시간 내 삶과 함께할 수 있는 그런 바이크. 클래식이라고 부를 수 있는 바이크가 바로 헌터 커브이다.

text 오원탁

100년 기업을 꿈꾸는
시트로엥 스페셜리스트
AUTO NEEDS

원정대의 첫 일정은 쿄토였다. 한신 고속도로와 토메이 고속도로를 번갈아 타며 도착한 쿄토는 기온 마츠리를 앞두고 매우 분주한 모습이었다. 과거 일본의 정치, 문화, 경제의 중심지답게 쿄토는 옛 모습과 현대의 모습이 공존하는 곳이다. 도로도 마찬가지다. 거리 곳곳에서는 오래된 차와 요즘 차들이 섞여 있는 모습을 쉽게 볼 수 있고 그 모습 역시 도시와 전혀 어색하지 않을 정도로 잘 어울린다. 좁디좁은 호텔방에 짐을 풀고 가장 먼저 찾은 곳은 쿄토 외곽의 야트막한 언덕에 위치한 시트로엥 전문점 아우토 니즈이다.

일본에서 프랑스 차의 위치는 한국과 많이 다르다. 푸조든 시트로엥이든, 르노든 프랑스차는 특유의 감성으로 탄탄한 마니아층을 형성하고 있다. 이중 가장 인기 있는 메이커는 시트로엥이다. 푸조와 르노가 가진 대중차 이미지에 비해 시트로엥은 혁신적이고 도전적이며, 전위적인 스타일을 내세우고 있는데 이는 개성을 중요시 하는 일본인들에게 큰 메리트이다.

시트로엥은 자동차 역사에서 매우 큰 비중을 차지하고 있는 메이커이다. 전륜구동 기반의 트락숑 아방을 비롯해 현재까지(물론 시트로엥 공장은 아니다) 생산되는 2CV, 자동차 디자인의 흐름을 바꾼 DS는 클래식 시트로엥을 논할 때 빼놓을 수 없는 모델이다.

기술적으로도 시트로엥은 큰 획을 그었다. 세계최초의 유압 클러치를 개발했으며 하이드로릭 섀시는 시트로엥을 상징하는 기술이자 자동차 기술의 전환점이기도 하다. 무엇보다 시트로엥 하면 가장 먼저 떠올리는 하이드로릭 섀시는 꾸준한 개량을 통해 최근까지 사용한 기술이기도 한다.

세대를 가리지 않는 시트로엥 스페셜리스트

쿄토 외곽지역 한적한 주택가 야트막한 언덕에 자리 잡은 아우토 니즈의 입구에는 오래된 2CV가 서 있다. 잡초가 무성한 화단은 묘하게 2CV와 잘 어울린다. 야트막한 언덕입구에는 아우토 니즈의 간판이 있고, 간판을 중심으로 오른쪽에는 정비동, 언덕을 따라 조금 더 올라가면 사무실과 잘 꾸며진 시트로엥 갤러리가 있다. 정비동과 사무실, 갤러리를 합친 면적의 약 두 배쯤 되는 야적장에는 수리는 기다리는 차들과 일본 전역에서 모인 부품차들로 가득하다.

아우토 니즈는 칸사이 지역에 유일한 시트로엥 전문점이다. 크고 작은 정비부터 클래식 시트로엥 리스토어, 매매 등 시트로엥에 관련된 모든 업무가 가능하다. 가장 인상 깊은 곳은 사무실 옆에 있는 시트로엥 갤러리와 갤러리 뒤편에 있는 창고. 갤러리에 전시된 차와 창고에 있는 차들은 모두 히로유키 대표 소유로 일본 내에서도 흔하지 않은 것들이다. 일부는 리스토어가 진행 중이다. 아우토 니즈의 역사는 무려 17년이다. 도쿄의 시트로엥 스페셜리스트인 쟈벨과 함께 일본을 대표하는 시트로엥 전문점이다.

이곳에서는 한 달에 5대 정도가 리스토어를 마친다. 소소한 정비를 다 포함해도 작업량이 많은 편은 아니다. 그러나 일주일에 한 대 꼴로 출고되는 차의 완성도는 상상이상으로 높다. 무엇보다 리스토어에서 가장 신경 쓰는 부분은 오리지널리티이다. 어느 연식의 차라도 원래의 오리지널 파츠를 구할 수 있으며 리스토어를 진행할 때는 생산 연도에 따른 부품을 사용한다. 사무실 한 쪽에 가득한 파츠 리스트는 연도별, 모델별로 정리되어 있으며, 시트로엥 엠블럼을 가진 차라면 원래 상태를 찾는데 어려움이 없다.

아우토 니즈의 목표는 오리지널리티를 추구하는 100년 기업이다. 최근 일본 내에서 시트로엥의 인기가 예전에 비해 떨어졌지만 1970년대 이전 클래식 모델은 여전히 인기가 많다. 이에 대해 히로유키 니이 대표는 '예전에 비해 개성이 부족한 것은 인정할 수밖에 없다. 하이드로릭 섀시로 대변되는 클래식 시트로엥의 혁신이 21세기에는 디자인으로 이어진다는 점은 다른 브랜드에서는 찾아보기 힘든 일'이라고 이야기 했다.

아시아에 딱 두 대 **시트로엥 M35**

독특한 디자인의 아미 8을 기반으로 만들어진 M35는 1969년부터 1971년까지 267대가 생산된 쿠페이다. 반켈 박사가 설계한 로터리 엔진이 탑재된 M35는 시트로엥 컬렉터들이 가장 눈독 들이는 모델로 아시아 지역에는 2대만 남아있다는 소문만 무성했다. 행방이 묘연한 한 대를 제외한 나머지 한 대가 아우토 니즈에서 보관 중인데 이 차는 초기에 생산된 프로토 타입 중 한 대다.

시험 모델인 M35는 공식적으로 판매 된 적은 없으며, 소수의 시트로엥 VIP 고객에게만 인도 되었다는 기록이 남아 있다. 기술적인 한계로 생산량이 많지 않지만 혁신을 추구하는 시트로엥에 있어 M35는 매우 특별하고 가장 희소가치가 높은 모델이다.

마세라티의 심장을 가진 **시트로엥 SM**

1970년 시트로엥의 플래그십으로 발표된 SM은 당시 시트로엥의 주인이었던 마세라티의 V6 엔진이 올라간 유일한 시트로엥이다. 3도어 쿠페 스타일의 보디는 당시 자동차 디자인으로서는 상당히 파격적이었고 최고 속력은 228km/h에 육박하며 당시에 나온 양산차 중에 가장 빠른 속력을 기록하기도 했다.

시트로엥에서는 2도어 쿠페만 생산했지만 코치빌더인 르발루아 펠레가 엘리자베스 2세 여왕과 교황 요한 바오로 2세를 위한 컨버터블 버전을 선보이기도 했다.

1975년에 제작된 SM 마이로드는 미국에서 75만 4,220달러에 낙찰되기도 했다.

자동차 디자인의 흐름을 바꾼 **시트로엥 DS**

시트로엥 하면 가장 먼저 떠올리는 모델이 DS이다. 날렵한 디자인과 하이드로릭 섀시, 최초의 유압 클러치가 사용된 DS는 기술적으로나 디자인적으로 현대 자동차 역사에 큰 영향을 미친 모델이다. 아이러니하게도 DS의 디자인은 사랑을 찾아 프랑스로 도피한 이탈리아 출신 디자이너 플라미니오 베르토니가 완성했는데 등장과 동시에 자동차 디자인의 흐름의 바꾼 것으로도 유명하다.

1955년 첫 모델이 출시된 DS는 마지막 모델이 생산된 1975년까지 무려 140만 대 이상이 생산되었으며 이중 130만 대가 프랑스에서 판매되었다.

13만대가 생산된 베스트셀러 **시트로엥 CX**

DS의 후속으로 발표된 CX는 1974년부터 1991년까지 생산된 시트로엥의 장수 모델이다. 이후 XM이 CX의 바통을 넘겨받아 하이드로릭 섀시의 전통을 이어나갔다. CX는 DS의 디자인 철학을 이어받아 유려한 선으로 구분된 디자인이 특징인데 캄 테일(Kamm tail)이라 불리는 날렵한 뒷모습이 인상적이다. 반면 프로젝트 초기에는 크기가 작은 로터리 엔진 탑재를 목적으로 설계되었으나 생산성을 이유로 취소되었다.

엔진은 전통적인 사이즈의 직렬 4기통 가솔린 2.0~2.4리터, 직렬 4기통 디젤 2.5리터로 출시되었다.

효율적인 패키징을 내세운 **시트로엥 GS**

1970년에 데뷔한 GS는 1986년까지 생산된 장수모델이다. 1톤이 되지 않는 차체와 베를린이라 불리는 3개의 세로창 구조, 캄 테일 디자인으로 마무리한 패스트백 타입의 뒷 모습까지 GS는 화려함에 실용성을 더한 모델이다. 엔진은 1.0리터부터 1.3리터까지 4가지 수평대향 4기통과 극소수지만 497.5cc 로터를 두 개 사용하는 로터리 엔진 모델도 있었다. 무엇보다 GS의 가장 큰 특징은 효율적인 실내 패키징. 패스트백과 해치백, 에스테이트와 밴에 이르기까지 다양한 보디형태를 가진 GS는 넓은 실내공간을 내세웠다. GS는 16년 동안 프랑스를 비롯해 칠레, 인도네시아, 스페인, 남아프리카 등 다양한 지역에서 생산되었다.

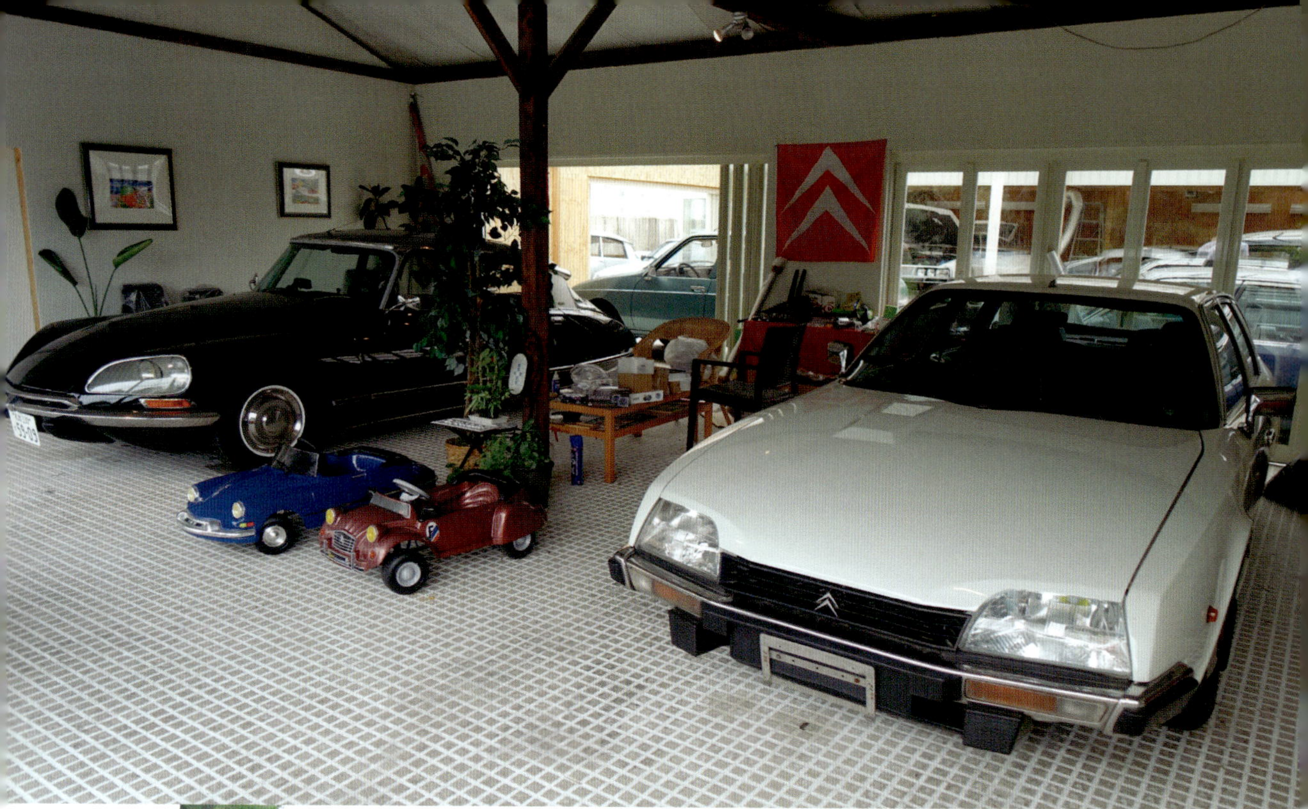

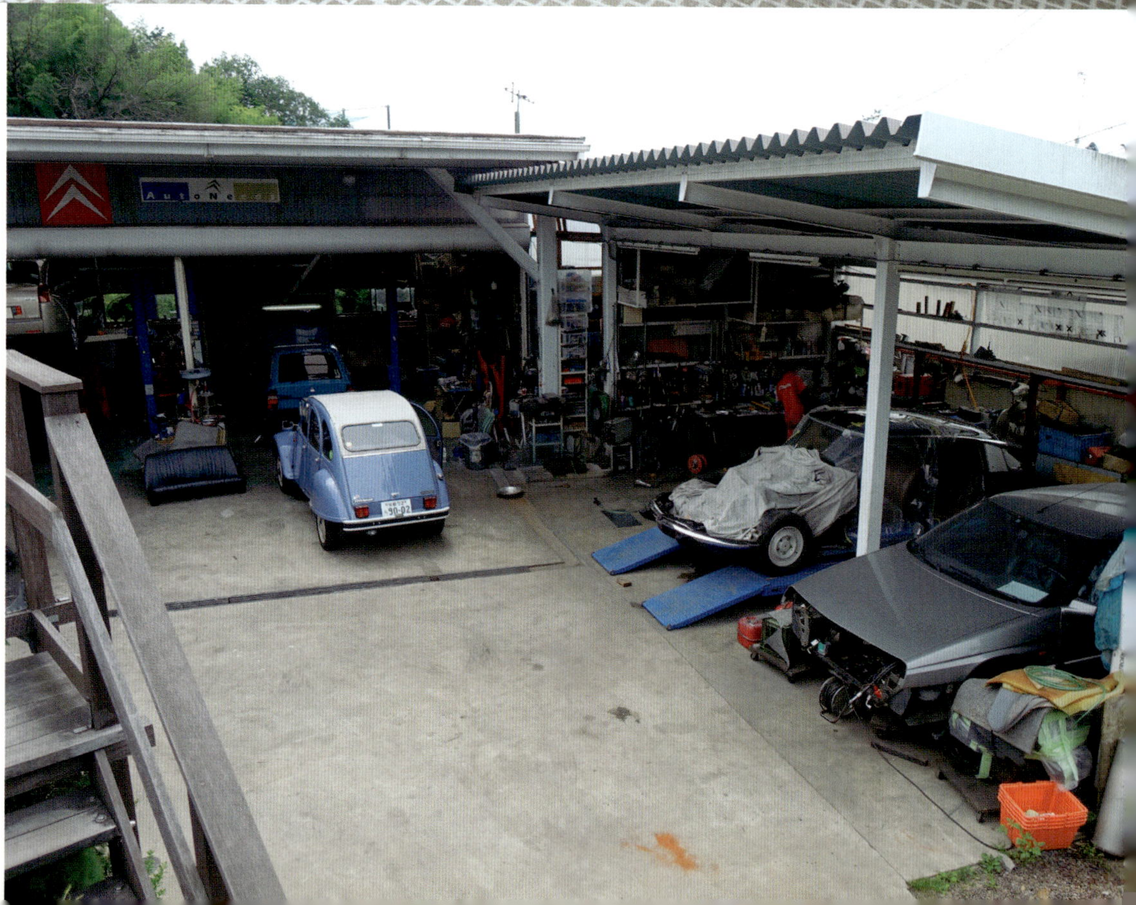

아우토 니즈 대표
히로유키 니이가 말하는 시트로엥

"한국에도 거리에 펫숍이 많습니다. 이곳은 시트로엥을 타는 사람들을 위한 펫숍입니다. 시트로엥은 반려동물과 같습니다. 할아버지의 강아지, 할머니의 강아지처럼 친근하고 언제나 같이 어울릴 수 있는 차가 시트로엥 입니다." 아우토니즈의 히로유키 니이 대표는 시트로엥에 대해 매우 간략하고도 이해가 쉽게 설명했다. 일본 시트로엥의 미캐닉 출신인 히로유키 대표는 17년 전 이곳에 터를 잡았다. 정비공장에서 다루지 못하는 부분과 오래된 시트로엥의 리스토어가 주 업무인 이곳은 일본 전역에 단 두 개 뿐인 클래식 시트로엥 전문 숍 중 하나다.
"무엇보다 시트로엥은 개성을 중요하게 생각하는 사람과 멋을 즐기는 사람들에게 인기가 높습니다. 그러나 정비가 쉬운 편은 결코 아닙니다. 일찍이 하이드로릭 섀시는 유지 보수가 어렵고 고장났을 때 정비도 상당히 어렵습니다. 그만큼 시트로엥이 시대를 앞서 갔다는 의미죠." 히로유키 니이 대표의 꿈은 아우토 니즈를 100년 기업으로 키우는 것이다. 유럽이나 미국의 전문숍처럼 전문 기술자를 키우고 소비자들이 믿을 수 있는 스페셜리스트를 육성하는 것도 큰 목표 중의 하나다.
기술에 대한 자부심으로 똘똘 뭉친 그가 꼽은 시트로엥 최고의 차는 뛰어난 패키징으로 유명한 GS 이다.

클래식카를
즐기는 공간과 헬멧 컬렉터
클래식카.jp

일본은 덕후들의 천국이라는 별명을 가지고 있다. 기상천외한 마니아들이 가득한 일본에서 자동차 마니아 역시 다양한 방법으로 자동차를 즐기고 있다. 코베 아시야에 위치한 클래식카.jp를 운영하는 타다카즈 코지마 씨는 국제적으로 유명한 클래식카 마니아이자 페라리 458 챌린지 선수이다. 다양한 자동차를 즐기는 그는 자동차 외에 F1 드라이버의 헬멧 수집가로도 유명하다.

렌터카의 에어컨을 가동하면서 온도계를 보니 정오 무렵에 이미 35도를 넘어가고 있었다.

원정대의 다음 기착지는 쿄토에서 한 시간 정도 떨어진 코베의 아시야. 일본 내에서 가장 소득 수준이 높은 지역인 아시야는 예로부터 관서 지역의 상업 부자들이 사는 곳으로 유명하다. 지나가는 동네 강아지도 만 엔짜리 지폐를 물고 있다는 말이 있을 정도다. 이곳에서는 클래식카.jp의 대표이자 2009년 콩코르소 델레간차에 최초로 일본차를(프린스 스카이라인) 출품한 타다카즈 코지마 씨를 만나기로 되어 있었다. 뜨거운 태양이 작열하는 고속도로를 타고 고베에 도착할 무렵에는 거의 녹초 상태였다.

휴일임에도 불구하고 코지마 씨는 쇼룸을 열고 일행을 기다리고 있었다. 한적 고급 주택가에 자리 잡은 코지마 씨의 쇼룸은 겉에서 봤을 때 전시된 차를 제외하고 무엇을 하는 공간인지 알 수 없었다. 유리 건물에는 간판도 없고 안내문도 없다. 주차장 느낌이 가득한 건물 전면에는 토요

타다카즈 코지마

타의 퍼블릭 스포츠카이자 2000 GT의 디자인을 축소시켜 놓은 스포츠 800과 메르세데스-벤츠 300 SL이 서 있었다. 쇼윈도 넘어 고급스러운 인테리어가 살짝 보일 뿐이다.

코지마 씨의 인상은 친근한 동네 형. 원정대 일행을 따뜻하게 맞아준 그는 간단하게 쇼룸을 안내해 주었다. 쇼룸 여기저기를 둘러보고 코지마씨가 일행을 안내한 곳은 계단을 반쯤 내려가야 하는 독특한 구조의 개인 사무실이었다. 유리 테이블 아래는 페라리 디노의 엔진이 있고 사무실 내부는 각종 클래식카 관련 용품이 가득했다.

"어렷을 때에는 단지 슈퍼카가 갖고 싶었습니다. 그래서 이벤트에도 응모했었는데 그 때는 쿤타치나 512BB, 미우라, 디노 같은 차를 동경했죠. 밀레밀리아를 3년 동안 따라다니다 2004년부터는 선수자격으로 참가했는데 밀레밀리아를 통해 클래식카에 대해 좀 더 알게 되었습니다. 르망 24시간 레이스의 이벤트로 열리는 르망 클래식에도 출전하고 오래된 경주차를 수집하고 있

클래식카 인 칸사이

습니다. 지금도 자동차 얘기가 시작되면 즐겁고 24시간 이야기 할 수 있습니다" 간단한 인사를 나누자마자 그가 먼저 이야기를 이어간다. 열정이 가득한 사람이다. 그가 꼽는 가장 인상적이었던 클래식카는 1929년식 부가티 35C. 우연이 우연을 부르는 것처럼 경험한 부가티는 미적 아름다움과 동력성능 등 모든 부분이 당대 차들과 비교를 거부할 수 없을 정도라고 한다.

"1910년대부터 1960년대까지의 클래식카를 주로 다루고 있지만 연대에 상관없이 폭넓은 카테고리의 차를 경험해 보는 것이 좋습니다. 1차 대전 이전 차들 중에는 지금의 차와 전혀 다른 구조를 가진 차들도 있고 페달의 위치가 다르거나 예를 들어 지금은 모든 차들이 왼쪽부터 클러치, 브레이크, 액셀러레이터 순서지만 오래된 이탈리아 차 중에는 클러치, 액셀러레이터, 브레이크 순이거나 그 반대의 경우도 종종 볼 수 있습니다. 시프트 기어가 외부에 돌출되어 있고 내비게이터가 함께 탑승해야 무게 중심이 맞는 차들도 있습니다. 지금의 기술에 비하면 상당히 불편하고 번거롭지만 생각보다 자동차 기술이 표준화 된 것은 오래되지 않았습니다." 코지마 씨의 설명에 의하면 클래식카는 아직도 공부해야할 부분이 요즘 차들에 비해 많다고 한다.

코지마 씨의 사무실에서 가장 눈에 띄는 부분은 헬멧이다. 클래식카 애호가이자 전문 컨설턴트, 레이서 외에도 코지마 씨는 세계적인 헬멧 컬렉터로 유명하다. 그가 자신의 컬렉션을 외부에 공개하는 것은 이번이 처음이다. 사무실에는 컬렉션 중에 가장 아끼는 것들이 전시 되어 있고 별도의 공간에는 지금까지 세계 곳곳을 누비며 수집한 헬멧 30여 개가 보관 중이다. 잠금 장치가 있는 장식장을 열고 그가 꺼내든 빨간 헬멧. F1 팬이라면 누구나 기억할 익숙한 글자가 보인다. 니키 라우다가 얼굴의 반을 잃은 1976년 독일 그랑프리 당시 사용했던 헬멧이다. "오래되고 사고를 거친 헬멧이라 표는 안 나겠지만 떨어트리지만 않으면 직접 만져보고 자유롭게 구경하세요." 일행들이 건네받은 빨간 AGV 헬멧은 그야말로 역사의 한 순간을 고스란히 간직하고 있는 물건이었다. 이 외에도 그의 콜렉션에는 미하엘 슈마허와 미카 하키넨, 나이젤 만셀 등 F1을 풍미했던 드라이버의 헬멧이 있었다.

코지마 씨는 클래식카 문화를 형성하는데 가장 중요한 것은 '경험'이라고 설명했다. 일본의 슈퍼카 붐 시절에 태어나 많은 것을 누렸고 이제는 자신이 누린 것들을 후대에게 전달해 주는 것이 가장 중요한 것이라고 했다. 올해 남은 일정에 대해 물으니 그는 환한 얼굴로 대답했다. "자동차는 언제나 즐겁습니다. 지금 클래식카 관련 일을 하고 있는 것도 즐겁고 레이스도 언제나 즐겁습니다. 지금까지 그래왔던 것처럼 많은 사람들과 만나면서 여러 가지 즐거운 이야기를 하고 즐거운 시간을 보낼 것입니다." 원정대 일행이 서울로 돌아온 후 그는 페라리 458 챌린지에서 챔피언이 되었다는 소식을 전해왔다.

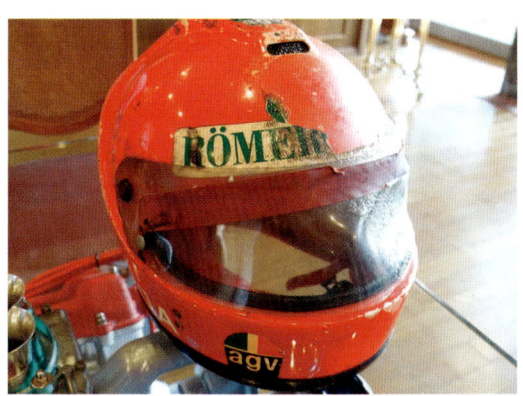 

니키 라우다의 AGV 헬멧

1976년 독일 그랑프리에서 니키 라우다가 사용했던 헬멧은 내부가 매우 깨끗하다. 영화 '러쉬: 더 라이벌'에도 나오지만 사고 당시 이 헬멧은 튕겨져 나가 한 동안 행방이 묘연했다. 니키 라우다가 얼굴의 오른쪽을 잃고 폐에 큰 손상을 입었을 당시 이 헬멧은 이미 경기장 어딘가로 튕겨져 나가 사라졌다. 이후 니키 라우다는 AGV를 대상으로 소송을 진행했지만 증거물이 없는 상황에서 재판은 무의미했다. 이 헬멧이 언제 일본에 반입되었는지는 정확하지 않지만 코지마 씨의 말에 의하면 거품경제가 극을 달리던 80년대 중후반쯤으로 추정하고 있다. 1970년대와 1980년대만 해도 일본은 '무엇을 팔아도 비싸게 팔 수 있는 시장'이었고 실제 유럽 귀족들이 경기 불황으로 인해 망하면서 대량으로 쏟아지기 시작한 클래식카와 슈퍼카의 대부분이 이 시기에 일본에 반입되었다.

클래식카.jp의
또 다른 공간
나라 개라지

나라(奈良)는 클래식카 재팬을 운영하는 코지마씨의 개라지가 있는 곳이다. 이번 방문에 원정대를 위해 택시타임까지 준비하고 있다고 해서 개라지를 찾아 출발하는 렌터카의 시동을 걸면서부터 두근두근 기대에 부풀어 있었다. 코지마 씨의 개라지는 논과 낮은 수풀들을 볼 수 있는 도로를 따라 굉장히 조용하고 평온해 보이는 곳에 위치하고 있었다. 평화로운 집들과 건물들 사이에 노란 바탕의 페라리 엠블렘을 보는 순간 우리들은 아드레날린이 솟구쳐 나오면서 "저기다! 저기"라고 모두 소리를 치고 있었다.

코지마 씨의 개러지에는 아바스, 페라리, 알파 로메오, 로터스, 포르쉐, MG, 토요타 등 여러 브랜드의 클래식카들이 보관되어 있었다. 엔스코리아 여성왕 대표의 말로는 여기에 컬렉션 되어 있는 차 한대 한대가 모두 굉장히 의미 있는 차라고 하였다. 개러지의 한쪽 공간에는 정비를 담당하는 엔지니어인 오노씨가 분주하게 움직이고 있었다. 클래식카와 엔지니어가 같이 있는 일본에서 클래식카를 촬영하다 보면 쉽게 볼 수 있는 장면이지만 실제 우리나라에서 이런 모습을 쉽게 보기란 그리 만만치 않다. 그만큼 클래식카는 구매하는 것보다 자동차를 유지하고 관리하는 일이 중요한 것인데 아직 우리나라는 시간적이나 환경적으로 충분한 여유가 없는 것이 현실이다.

코지마 씨와 반갑게 인사를 나누고 개러지에 전시된 클래식카를 촬영하느라 분주히 돌아다니고 있었는데 한 쪽에서 원정대를 위해 코지마 씨가 준비한 1960년에 만들어진 포르쉐 356 A 스피드스터가 등장했다. 이번 원정기간 내내 비가 조금씩 내리고 있어서 택시타임을 가질 수 있을까 내심 걱정했는데 코지마씨는 흔쾌히 원정대 한 명 한 명을 태우고 달려 주었다.

2015년에 1960년의 차를 탄다는 것. 여행을 하다가도 오래된 건물에 들어서면 주위와 다른 공기냄새가 나는 것은 물론 편안하면서도 묘한 낯설고 신비한 느낌이 들 때가 있다. 거창하게 들릴 지도 모르겠지만 클래식카를 타 본다는 것은 그러한 신비한 느낌을 온 몸으로 경험할 수 있는 기회이다.

공랭식 특유의 엔진 소리와 나무와 숲을 빠져 나오는 바람을 맞으며 마주 오는 자동차들, 같은 길을 가는 자동차와 사람의 시선들이 정수리에 닿는 것을 느낄 수 있고 아날로그 스피커를 통해 들리는 턴테이블의 작은 먼지 위를 지나는 레코드 바늘의 묵직한 사운드를 자동차의 배기구를 통해 들을 수 있다. 클래식카를 타고 달리면서 느껴지는 바람과 진동을 통해 내가 마음대로 컨

트롤 할 수 없는 놀이기구에 몸을 맡겨야만 느낄 수 있는 즐거움과 짜릿함도 경험할 수 있다. 운전자 옆에서 느끼는 것도 이 정도인데 직접 운전을 한다면 어떤 느낌일까? 나중에 택시시승을 촬영한 영상을 보았을 때 나는 조수석에서 어린 아이와 같이 큰 소리로 '대단하다' 란 말을 계속 외치고 있었다. 이렇게 택시 시승이 모두 끝난 원정대는 저마다의 느낌들을 나누며 늦은 시간까지 356 A 스피드스터를 가운데 두고 코지마씨와 이야기를 나누었다.

사람들은 각자 여러 취미와 관심사들을 가지고 있다. 자신이 좋아하는 취미를 위하여 월급의 한 부분을 힘들게 모아 비자금을 마련하기도 하고 돈이 없을 때는 컴퓨터 앞에 앉아 다른 사람들이 지르고 있는 취미활동을 간접경험으로 대신하기도 한다.

클래식카에 관심을 가지고 자동차를 컬렉션하고 그 자동차들이 오리지널에 가깝도록 컨디션을 유지해 주는 것은 단지 돈이 많다고만 해서 할 수 있는 취미가 아니다. 이런 소중한 자동차들을 새로 찾아 온 사람들에게 경험을 나누어 주는 일 역시 아무나 할 수 있는 일이 아니다. 하나의 자동차를 통해 느끼는 감정들은 서로 다 다를 것이다. 자동차를 보는 관점도 다를 것이고 좋아하는 브랜드나 차종도 천차만별일 것이다. 이런 사람들에게 경험을 나누어 주어 어떤 감정을 느낄 수 있게 해 주는 일이 얼마나 의미 있는 일일까? 그 어떤 감정이란 것은 돈이나 물건처럼 수치로 재거나 무게로 따질 수도 없는 것이어서 누구에게는 별스럽지 않은 것처럼 생각되기도 하겠다. 하지만 그 감정이란 것을 느끼는 사람들이 만들어 낸 문화라는 것은 인류의 역사를 지탱하게 해 주는 자동차 엔진과도 같은 가장 소중한 에너지의 원천이라 믿어 의심치 않는다.

자동차를 좋아한다고 해서 단지 자동차만을 좋아하는 것이 아니다. 자신을 둘러싸고 있는 다양한 것들을 자동차를 좋아하는 감성을 통해 이해하고 행동의 원천으로 삼는 것이니 앞으로 이런 사람들이 얼마나 재미있는 감정들을 느끼고 만들어 나갈지 기대가 된다. 거기다 오랜 역사와 함께 다양한 경험을 가진 클래식카를 좋아한다는 것은 얼마나 깊고 풍성하게 숙성된 감성들을 우리들에게 느끼게 해 줄 것인가. 아마도 오랜 세월을 간직한 것일수록 우리에게는 새로운 여행지의 안내자가 될 것이다. 아무쪼록 이런 감정들을 보다 많은 사람들이 느낄 수 있게 우리나라에도 풍성한 클래식카 문화를 기대한다.

text 최윤석 photo 김권일

photo 김권일

클래식카를 즐기는 방법은 다양하다. 서로의 차를 구경하기도 하지만 이들이 대부분 시간을 보내는 방법은 모임이나 파티를 통해 서로의 정보를 공유하는 것이 대표적이다. 타카오 선데이 미팅을 주관하는 믹 시미즈 회장이 자신의 개라지에 특별한 손님들을 초대한 것도 비슷한 이유다. 쿄토 시내를 조금 벗어난 주택에 위치한 그의 개라지는 겉에서 봤을 때 무엇을 하는 공간인지 예상 조차할 수 없는 은밀한(?) 곳이다.

한국에 자동차 문화가 있을까? 이 질문은 이 업계에 처음 들어왔을 때부터 늘 고민하던 부분이다. 혹자는 동호회 문화가 있다고 하지만 동호회와는 성격이 다른 부분을 뜻한다.

일본은 지역 별로 다양한 자동차 문화 행사가 있다. 조그만 시골 동네에서 열리는 작은 모임부터 타카오 선데이 미팅이나 HCC95 같은 지역 단위 이벤트, 지역 별 레이스 등 자동차를 즐길 수 있는 방법이 한국에 비해 다양하다.

가볍게 모여서 커피를 마시는 모임도 있고 호텔을 통째로 빌리는 대규모 파티도 어렵지 않게 찾아 볼 수 있다.

열정이 가득한 사람들

칸사이 지역 최대 클래식카 클럽인 쇼난 클래식카 클럽 회원인 시미즈 씨는 칸사이 지역에서 유명한 클래식카 애호가로 주로 로터스를 비롯한 영국 자동차 컬렉터로 유명하다.

쿄토 시내의 주택가에 위치한 그의 개라지에는 오피스텔 건물 일층 전체를 사용하는 공간이다. 밖에서 봤을 때는 안에서만 열 수 있는 검은 색 도어가 전부 였다. 시미즈 씨는 이 곳에서 가끔 지인들과 파티를 연다. 아름다운 자동차가 있는 독립된 공간에서 조촐하게 진행되는 개라지 파티는 보통 타카오 선데이 미팅이 있는 전 날에 열리는 경우가 많다.

아쉽게도 시미즈 씨의 개라지 파티는 일반인을 대상으로 하지 않는다. 개인적인 공간에서 열리는 만큼 가까운 지인들, 일본 클래식카 업계 사람들 중 극소수만 초대된다. 이번에 원정대는 코디네이터인 엔스코리아 여성왕 대표의 주선으로 개라지 파티에 초대되었다.

초대된 사람은 다양했다. 쿄토 지역 자동차 딜러의 홍보 대행사 직원부터 맥라렌 재팬의 시승 담당자를 비롯해 튜닝 업체인 비위드의 대표 등 칸사이 지역 자동차 업계의 사람들이 모였다. 자동차가 중심이 된 이 파티에서는 클래식카에 관해 다양한 얘기들을 들을 수 있었.

개라지의 규모는 생각보다 컸다. 한 쪽에는 시미즈 씨 소유의 63년식 로터스 코티나 마크1 Sr과 69년식 로터스 엘란 S4SE 쿠페(블랙 엠블럼), 현재 리스토어 중인 70년식 로터스 유로파 S2가 있었고, 레이싱 소품과 영국 자동차 메이커 관련 자료들이 가득했다.

호화로운(?) 분위기의 개라지는 시미즈 씨가 개최하는 파티 때를 제외하고 외부에 일체 공개되지 않는다.

파티는 각자 먹을 것과 마실 것을 각자 준비하는 포트럭 파티(Potluck Party)이다. 중간 중간에 손님들이 도착하고 다음 날 있을 TSM에서 택시 드라이브를 진행할 맥라렌 650S까지 도착하면서 분위기가 무르익었다.

'차쟁이들이 만나면 방부터 잡아야 한다'는 것은 전 세계 공통이라는 사실을 다시 한 번 느꼈다.

일본 모터스포츠의 전설,
히로시 후시다 선생을 만나다!

파티가 무르익을 무렵 시미즈씨는 우리에게 특별한 사람을 소개했다.

그 주인공은 일본 최초의 F1 드라이버(1975년)로 세계적인 레이싱 섀시 제작 전문 업체 돔(童夢)의 대표인 히로시 후시다 선생. 1946년생으로 칠순을 바라보는 나이에도 그의 자동차와 레이스에 대한 열정은 대단했고 돔은 현재도 르망과 슈퍼GT 등에서 섀시 메이커로 활약 중이다. 마음씨 좋은 동네 할아버지처럼 하얗게 센 머리카락에서 세월의 흔적을 느낄 수 있었지만 레이스 얘기가 시작되면 소년처럼 눈이 반짝반짝해진다. 유독 돔과는 인연이 없었다는 얘기를 했더니 '언제든 방문하면 원하는 것을 모두 보여 주겠다'라는 약속을 하기도 했다.

로터스
블랙 엠블럼의 비밀

포드와 로터스의 컬래버레이션,
63년식 로터스 코티나 마크1 Sr

시미즈 씨의 69년식 로터스 엘란 S4SE 쿠페에는 검은색 엠블럼이 부착되어 있다. 일명 블랙 엠블럼이라 불리는 이 엠블럼이 부착된 로터스는 로터스 중에서도 가장 값어치가 높은 차로 평가된다.

스토리는 이렇다. 1960년부터 로터스 F1 팀의 에이스였던 짐 클락이 1968년 4월 호켄하임에서 경기 도중 사망한 후 로터스의 오너였던 콜린 채프먼은 당시 생산되던 로터스에 이 엠블럼을 부착했다. 자신이 아끼던 '로터스 맨' 클락을 추모하는 의미에서였다. 블랙 엠블럼은 1968년부터 1969년 단 1년 동안만 사용했다. 로터스의 엠블럼은 초기에는 래커로 마무리가 되어 있어 일 년도 채 사용하지 못했다고 한다. 이후 에나멜 엠블럼으로 교체 되었지만 로터스 마니아 사이에서는 아직도 래커 엠블럼이 부착된 차가 높은 가치를 인정받는다고 한다.

유럽 포드의 간판 모델이자 장수 모델인 코티나의 초기 버전은 로터스와 컬래버레이션으로 탄생한 고성능 스포츠 쿠페이다. 1961년 채프먼의 주도로 새로운 엔진 개발 프로젝트를 시작한 로터스는 다양한 시도 끝에 직렬 4기통 1,557cc OHC 엔진을 1962년 선보였고 포드로부터 코티나의 2도어 보디쉘을 공급받았다. 이후 여러 차례 수정을 거쳐 1963년 로터스 코티나가 공개되었다. 로터스가 개발한 105 마력 엔진이 장착된 로터스 코티나는 엘란의 기어비를 개량한 경량 기어 박스를 채택했으며, 리어 서스펜션을 대폭 변경하고, 경량 합금 패널을 도어와 보닛에 사용해 차체 무게를 줄였다. 로터스에서 생산되는 코티나는 녹색 줄무늬와 흰색 페인트를 사용했다. 당시 포드는 레이싱에서 빨간색 줄무늬를 사용했지만, 한 고객의 미신적 의견으로 인해 진한 파란색으로 변경했다. 로터스 코티나는 마크1을 시작으로 마크2를 거쳐 1970년까지 생산되었다.

로터스의 괴작(?)
70년식 로터스 유로파 S2

로터스 7로 재미를 본 콜린 채프먼은 미드십 구조에 정비가 간편한 소형 스포츠카를 기획한다. 유로파로 명명된 이 프로젝트는 1966년 첫 양산에 들어갔는데 독특한 디자인 때문에 로터스가 만든 괴작(?)이라고 불리기도 한다. 혹독한 비평에도 불구하고 경량 미드십 스포츠카로서 의미를 지닌 유로파는 시리즈 S1을 시작으로 시리즈 트윈캠까지 총 9,882대가 생산되었다. 이중 유로파 S2는 시리즈 S1에 편의성을 추가한 모델로 가장 대중적인 유로파이다. 시미즈 씨의 개라지에 보관된 유로파 S2는 현재 오리지널 사양으로 리스토어가 진행 중이다. 프레임과 패널이 완전 분리되는 독특한 형태는 모노코크 보디에 비해 운동성이 뛰어나다는 장점이 있다. 유로파의 미드십 레이아웃은 이후 에스프리와 엘리스, 엑시지로 이어진다.

photo 김권일

CHAPTER 2
Enjoy Classic Car

Takao Sunday Meeting
Alfa Romeo 2000 GTV
The Classic Car
Nishikawa Jun
Porsche of 911DAYS
Story of Makino
Nissan Gloria Van(1970)
Nissan Sky Line Van(1972)
Toyopet Crown Pick Up(1969)

칸사이 지방 마니아들의 성지
모터쇼보다 더 볼게 많은
타카오 선데이 미팅

일본은 지역 별로 마니아들 사이에 유명한 고개가 있다. 주로 폭주족이 모이는 곳인데 한국으로 치자면 중미산이나 북악 스카이웨이 같은 와인딩 로드가 있는 곳이다. 토쿄가 중심인 칸토(關東)지방에는 인기 만화 이니셜 D의 배경으로 등장한 이로하자카와 토치기 고개, 우스이 고개 같은 곳과 하코네, 스카이라인, 치치부 고갯길이 유명하다. 고갯길은 아니지만 1990년대 초까지 최고속 배틀이 펼쳐지던 수도고속도로 완간선과 C1, 환상선도 유명하고 하네다 터널을 지나 요코하마 베이 브릿지 근처에 있는 다이코쿠후토 휴게소 역시 자동차 마니아들이 모이는 곳이다. 칸사이지역에서는 한신 고속도로와 토메이 고속도로가 스피드 마니아들의 성지처럼 불리고 타카오산이 있는 아라시야마 부근의 와인딩 도로는 드라이브 코스와 고갯길을 달리는 마니아들에게 유명한 곳이다. R 값과 고저차가 큰 코너가 이어진 와인딩 로드를 따라 올라가면 넓은 타카오산 주차장이 나오는데 타카오 선데이 미팅(이하 TSM)은 일요일 오전 8시부터 11시 반까지 이곳에서 진행된다.

TSM의 역사는 다른 일본의 클래식카 모임에 비해 길지는 않다. 지난 2006년 시미즈씨가 동료들과 처음 모인 이후 지난 2015년 7월에는 78회를 맞았다. 초기 TSM은 단지 자동차를 좋아하는 사람들의 단순한 모임이었으나 이후 참가자들에게 추억을 선사하겠다는 목표로 성장해 왔다. 2006년 최초 개최 때는 10대 정도가 모이는 작은 행사였지만 해를 거듭할수록 쿄토를 비롯한 칸사이 지역의 클래식카 마니아들이 모이면서 현재는 매회 200대 정도의 자동차가 일요일 아침에 모인다. 우리네 동호회 모임과는 많이 다른데 일단 시끄럽고 빽적지근한 부대 행사 따위는 없다. 가족들과 함께 온 오너들은 삼삼오오 모여 정보를 교류하거나 서로의 차에 대해 이야기 하는 것이 전부다. 행사장에 메가폰이 켜지는 시점은 오전 11시쯤 열리는 경품 추첨과 이후 이벤트의 공식 폐회를 알리는 안내 방송뿐이다. 철저하게 모인 사람들을 위한 행사인 것이다. TSM의 분위기는 미국의 커피 앤 카즈와 비슷하다. 다만 커피 앤 카즈가 커피 값만 들고 가는 무료 이벤트인데 반해 TSM에는 회원가입 절차가 있고 차 한 대당 단일 참여는 1,000엔, 연간 9

번 참가할 수 있는 자격은 연회비 5,000엔을 납부해야 한다. 여기에는 참가비와 기념품 비용이 포함된다. 시미즈 씨는 이 기준에 대해 "국산차 모임과 달리 초기에는 조촐했지만 참가대수가 늘어나면서 이벤트를 운영하는 비용 정도로만 참가비를 받고 있다."고 이야기 했다. 초기 TSM 의 모습은 메이커나 국가 별로 진행되는 경우가 많았다. 로터스와 알피느 같은 특정 메이커 오너들이 모였지만 점점 규모가 커지면서 신차 프로모션이 추가되기도 했고 연식만 맞추면 누구

클래식카 인 칸사이

나 참가할 수 있다. 실제 행사 당일에는 전 날 있었던 개라지 파티에 등장했던 맥라렌 650S가 택시 드라이브를 위해 준비되어 있었고 마쓰다 미아타나 메르세데스-벤츠 AMG GT 같은 차들도 볼 수 있었다.

지금까지 TSM에 참가했던 차 중에 가장 특별했던 차로 로터스72 F1을 꼽은 시미즈 씨는 TSM의 목적에 대해 이렇게 설명했다. "저는 사람의 인연을 매우 중요하게 생각합니다. 클래식카라는 공통 주제 아래 모두가 즐거운 시간을 보낼 수 있는 울타리 없는 이벤트를 추구합니다. 개인적으로 TSM에 참가하는 클래식카는 저를 포함한 모든 오너들이 잠시 보관한 것이라고 생각합니다. 우리가 언제까지나 소유하고 탈 것도 아니며 다음 세대에게 넘겨줘야 자동차 문화가 이어집니다. 그래서 오리지널리티는 언제나 가장 중요합니다." 라고 설명했다.

참가 기준은 1970년대 말까지 생산된 차로 제한되며, 과도한 튜닝이나 시끄러운 배기음(일본에서 시끄럽다고 하면 거의 폭음에 가까와 한국과는 차이가 크다)을 내는 개조차들은 참가할 수 없다. 또한 매 번 가장 우아한 차를 선발하는 별도 시상을 진행하고 일본 자동차 업계 유명인을

게스트를 초청하기도 한다. 7월에 열린 78회 이벤트에는 일본 최고의 자동차 평론가라 불리는 니시카와 준씨가 AMG-GT와 함께 참석했다.

주차장을 가득 매운 차들만 슬쩍 둘러만 봐도 오전 시간이 훌쩍 지나간다. 궁금한 것이 있으면 차 옆에 있는 오너에게 물어보면 친절히 설명해 주고 운이 좋으면 동승을 하거나 직접 운전해서 아라시야마의 그림 같은 와인딩 로드를 달려볼 수도 있다. 참가 대수만 해도 200대가 넘어가고 오너와 가족, 혹은 방문자까지 합치면 그 규모가 어마어마하다. 오너들은 자신의 차를 떳떳하게 공개하고 아이들은 훗날까지 기억되는 멋진 추억을 만들어가는 곳이다.

한국에서 흔하게 볼 수 없는 차들도 상당히 많다. 오래된 MG의 스포츠카나 르망에 직접 참가했던 427 코브라, 최근 각광을 받고 있는 초소형 자동차의 할아버지뻘인 트로얀을 비롯해 시공간을 넘는 명차들이 가득하다.

오전 11시 무렵 시미즈 씨가 본부석에서 메가폰을 잡는다. 이 날 행사에 준비된 경품 추첨과 니시카와 준 씨의 짧은 인사말, 멀리 한국에서 온 우리 일행을 소개하는 것으로 TSM의 78번째 이벤트는 막을 내렸다. 정확히 11시 반부터 주차장을 가득 매운 자동차들은 하나둘 씩 빠져나가기 시작한다. 각자 드라이브를 즐기거나 가족들과 함께 시간을 보내러 가는 것이다. 우리 일행도 행사장을 빠져나올 준비를 하며 시미즈 씨에게 인사를 건넸다. "멀리서 방문해 주셔서 정말 감사합니다. 언제든 교토에 오면 놀러 오세요. 멋진 추억이 되었으면 좋겠습니다." 작별인사를 나눌 때 마지막으로 그가 우리에게 건넨 말이다.

클래식카 인 칸사이

우연찮게 일본에서 계를 탔다
알파 로메오 2000 GTV와
와인딩을 누비다!

좌) 오너인 오카모토 야스유키

TSM에서 정말 우연찮게 72년식 알파 로메오 2000 GTV를 시승할 기회를 얻었다. 워낙에 알파 로메오를 좋아하긴 했지만 인연이 닿지 않아 시승은 이번이 처음이다. 알파 로메오를 상징하는 컬러인 빨간색 대신 겨자색이긴 했지만 나름 향수가 느껴진다. 고전적이고 군더더기 없는 디자인과 구석구석에 박혀 있는 알파 로메오의 로고는 요즘 차들과는 확실히 다른 낭만이 있다. 능력(?) 있는 코디네이터 덕에 소개 받은 2000 GTV의 오너 오카모토 야스유키 씨와 인사를 나누었다. "알파 로메오는 언제나 제 마음 속에 있습니다. 그런데 지금까지 인연이 없네요." 라는 말에 필자에게 키를 건네고 운전석 문을 열어 준다. "그럼 오늘 타보시면 되겠네요. 갑시다." 그렇게 2000 GTV 경험이 시작되었다.

엔진은 듀얼 캬뷰레터 독립 스로틀이 달린 직렬 4기통 2,000cc이다. 이그니션 박스의 키를 돌리니 독립 스로틀 특유의 흡기음이 귓전을 때린다. 오랜만에 들어보는 기계적인 소리가 사람의 마음을 살랑거리게 만든다. 파워스티어링이 없는 큰 스티어링 휠과 시트에 몸을 묶는 구식 안전벨트, 짧고 스트레이트한 시프트 레버까지 미운 구석이 하나도 없다. 움직임은 매우 경쾌하다. 액셀러레이터의 반응이 빠르고 섀시의 밸런스가 기가 막힐 정도로 탄탄하다. 가장 인상적이고 매력적인 부분은 시프트다운 때 이다. 코너 진입 전 속도를 줄이면서 힐 앤 토를 사용하거나 엔진브레이크를 사용할 때 들리는 엔진음은 운전자를 어떻게 해야 즐겁게 할 수 있는 정확하게 알 수 있다. 도대체 이태리놈들이 작은 차체와 작은 엔진에 무슨 짓을 한 것인지 궁금할 정도다. 타이어 너비는 고작 185mm에 불과하지만 구불구불한 와인딩 로드에서는 비명 한 번 없이 경쾌하게 돌아 나간다. 출력은 130마력에 불과해도 나름 고회전 영역인 5,500rpm에서 나온다. 40년이 넘었지만 상당히 고회전 엔진이다. 한 마디로 2000 GTV를 표현하자면 귀엽고, 발랄하고, 언제나 즐거운 섹시하면서도 남자가 무엇을 원하는지 정확하게 알고 있는 만점 여자 친구 같은 느낌이다. 알파 로메오 마니아들이 왜 알파 로메오를 애첩이라고 부르는지 알 수 있는 대목이다.

역사적으로
한 자리씩 차지한 자동차들
TSM에서 만난 거물들(?)

택시 드라이브로 바빴던 **맥라렌 650S**

전날 개라지 파티에서 만났던 맥라렌 650S도 TSM에 참가했다. 공식적인 전시가 아닌 이벤트를 위해서였는데 그 이벤트는 다름 아닌 아라시야마 와인딩 로드를 순환하는 택시 드라이브. 물론 직접 운전은 할 수 없지만 맥라렌에서 파견된 직원이 직접 운전하면서 650S에 대한 설명을 해준다. 어린아이들 보다 '뭘 좀 아는 어른들'에게 인기가 많았다.

일본에서 **람보르기니 이미지**

이탈리아 차를 전문으로 다루는 곳에 가면 람보르기니를 만날 수 없는 곳이 많다. 취급 한다고 해도 미우라 혹은 쿤타치(카운타크)만 간헐적으로 있을 때가 많다. 일단 람보르기니 오너들은 다른 모임의 멤버들과 잘 어울리지 않는 게 전체적인 평가이다. 이유야 많겠지만 일본에서 람보르기니 특히 무르치엘라고 이후 람보르기니는 '과시용'이라는 이미지가 크다. 거기에 LED나 네온으로 튜닝한 차를 쉽게 볼 수 있고 조수석에는 '정상적이지 않은 관계(?)'로 보이는 여성이 타고 있을 때가 많다고 한다. 일본에서 가장 문제가 되었던 부분은 씨저도어를 연 상태로 고속도로를 주행하는 일인데 이날도 어김없이 주차장 게이트부터 도어를 연 상태로 입장하는 장관(?)을 연출했다. 화이트 쿤타치를 동시에 3대 보는 일은 이탈리아 본사에서도 불가능한 진귀한 풍경이었다. 나중에 오너에게 문을 열고 들어온 이유를 물어 보니 "낮은 차체로 인해 주변 장애물이 보이지 않아 어쩔 수 없었다."라고 이야기했는데 실제 쿤타치의 운전석에 앉아 보니 보이는 건 거짓말을 살짝 보태 거의 눈높이에 있는 계기판과 약간의 하늘이 전부였다.

경량 로드스터 끝판왕, **트라이엄프 스핏파이어**

바이크 회사로 오랜 역사를 가지고 있는 트라이엄프의 스핏파이어는 1962년부터 1980년까지 생산된 경량 로드스터이다. MG B나 비슷한 시기의 다른 경량 로드스터에 비해 존재감은 떨어지지만 디자인과 성능에서는 우위를 점유하고 있는 모델이다. 엔진은 직렬 4기통 1,147cc로 출발해(마크1) 최종버전인 스핏파이어 1500에서는 1,493cc까지 배기량을 늘렸다. 스핏파이어의 가장 큰 특징은 유려한 디자인이다. 혹자는 1970년대 프런트 에 1950년 대 리어를 섞은 괴상한 디자인이라고도 하지만 날렵하고 풍만한 실루엣은 마니아들에게 큰 사랑을 받고 있다. 여기에 790kg에 불과한 공차 중량은 경량 로드스터의 정점이라고 할 수 있다. TSM에 참가한 것은 최종 버전인 스핏파이어 1500으로 총 9만 5,829대가 생산된 모델이며 미국형이다.

닛산 스카이라인 GT-R '**하코스카**'

일본의 대표하는 스포츠카인 GT-R의 초대 모델이다.

토요타 2000GT와 함께 국제 클래식카 시장에서 클래식카 대우를 받는 몇 안 되는 일본차이다. 1969년 등장한 하코스카 GT-R은 코드네임 KGC10으로 불린다. 직렬6기통 2,000cc 엔진을 탑재한 하코스카 GT-R은 출시된 해에 일본 모터스포츠에서 연승을 기록하며 일본을 대표하는 스포츠카 왕좌를 오랫동안 유지했다.

이후 KPGC10(켄메리)가 1973년에 발표되었고 닛산이 GT-R이라는 이름을 다시 부활시킨 건 1989년(R32)이다. 하코스카 GT-R의 시세는 평균 750만 엔 정도 였는데 몇 년 전 RM 옥션에 출품된 이후 가격이 올라 현재는 1,500만 엔 정도이다.

혼다 S800

S600 후속으로 등장한 S800은 소형 고성능 스포츠카 시장에 혼다의 이름을 알린 모델로 1966년부터 1970년까지 생산되었다. 바이크를 만들던 기술이 집대성된 S800은 드라이브 샤프트 대신 체인 구동 방식으로 뒷바퀴에 동력을 전달하는 독특한 동력계를 가지고 있다. 엔진은 직렬4기통 791cc로 최고출력은 70마력이다. S800에서 주목할 부분은 엔진 회전수이다. 8,500rpm에서 시작하는 레드존은 10,000rpm까지 사용할 수 있으며 S800에서 시작된 고회전 엔진은 이후 혼다 소형 스포츠카의 기본이 된다. 혼다는 S800이전에도 S500과 S600을 선보였는데 혼다의 이미지를 확실하게 각인시킨 모델은 S800이다. S800은 토요타가 운영하는 나고야 소재 토요타 박물관과 도쿄 메가웹 히스토릭 게라지와 독일 진스하임에 있는 진스하임 기술박물관에도 전시되어 있다.

트로얀 200

1914년에서 1960년까지 존재했던 영국의 자동차 메이커 트로얀에서 생산한 트로얀 200은 하인켈 버블카의 라이센스 버전이다. BMW 이세타와 마찬가지로 전면이 열리는 구조를 가진 트로얀 200은 2인승 시티카의 개념을 도입한 차였다. 공식적인 생산 대수는 210대로 현재까지 남아있는 모델은 대부분 맥라렌 엘바 레이싱카에서 제작된 것들이다.

1차 대전 무렵의 경주차는 모두 비슷하다?

보통 클래식 경주차라고 하면 원통형 보디에 4개의 노출된 얇은 타이어가 붙어있고 운전자의 얼굴이 노출된 형태를 떠올린다. 자동차에서 캐빈이라 불리는 개념이 등장한 것도 이 무렵이다. 각 메이커별로 디자인 아이덴티티가 정립된 시기는 2차 대전 무렵으로 이때부터 각 자동차 회사는 자신들을 나타내는 독창성을 발휘한다. 그 이전의 자동차는 비슷한 형태가 많아 전문가가 아닌 이상 어떤 회사의 몇 년 식 어떤 모델이라고 구분해내기 쉽지 않다. 이런 요인에는 자동차의 디자인이 비행기에서 기인한 것으로 전해지고 있다. 물론 벤츠가 만든 최초의 내연기관 자동차나 퀴뇨의 증기기관차는 전혀 다른 형태지만 이후 생산된 자동차는 거의 대부분 비행기의 보디에서 디자인 모티프를 가져왔다고 한다. 원통형 보디에 날개 대신 타이어를 장착한 모습은 당시 자동차 메이커 중에는 항공기 분야에서 활약한 메이커가 많았다는 점도 이를 뒷받침한다. 이번 TSM에 참가한 차 중에 가장 고령인(1934년) MG PA 스페셜 레이서는(MG P 타입 베이스) 정식번호판을 달고 있으며 일반도로 주행이 가능하다.

피아트 X1/9

독특한 이력을 가지고 있는 피아트 X1/9은 베르토네의 수석 디자이너였던 마르첼로 간디니가 디자인을 담당했으며 1969년 컨셉트 모델이 등장했다. 고성능 이탈리아 스포츠카 디자인의 거장 마르첼로 간디니는 미우라와 쿤타치의 디자인으로 유명하며 20세기를 대표하는 자동차 디자이너 중의 한 명이다. 미드십 레이아웃에 뒷바퀴를 굴리는 피아트 X1/9은 1972년 양산형이 공개됐는데 이후 1982년까지는 피아트에 생산했고 1982년부터 1989년까지는 베르토네에서 생산했다.

쉘비 데이토나 코브라 쿠페

1964년 르망 24시간 레이스에 우승한 쉘비 데이토나 코브라 쿠페는 캐롤 쉘비가 페라리 250GT를 잡기 위해 직접 다듬은 경주차이다.

TSM에 참가한 쉘비 데이토나는 레이스를 위해 제작된 버전으로 427 엔진(7.0리터 V8 OHV)이 탑재된 모델이다. TSM에서 가장 인기가 좋았던 이 차는 르망 24시간 내구 레이스 사양으로 오리지널 섀시 번호를 가지고 있는 차이다.

짓궂은 관람객이 "페라리와 람보르기니, 포르쉐 같은 차들보다 빠릅니까?"라고 질문하자 나이 지긋한 이 차의 오너는 "페라리, 람보르기니, 포르쉐는 정말 빠른 스포츠카입니다. 그러나 이 차는 경주차입니다." 라고 여유 있게 대답했다.

란치아 델타 HF 인테그랄레 에볼루치오네2

클래식카는 아니지만 한쪽에는 1980년대 이후에 생산된 차 중에 기념비적인 모델들이 선보였다. 그 중 가장 눈에 띈 모델은 란치아 델타 HF 인테그랄레 에볼루치오네2이다. 델타 HF는 랠리 무대를 휩쓴 스트라토스, 랠리 037, 델타 S4의 직계 후손으로 그룹B가 폐지된 후 등장한 그룹A에서 최강자로 군림한 경주차의 호몰로게이션(인증) 로드 버전이다. 1993년 델타 HF 시리즈의 최종 버전으로 등장한 인테그랄레 에볼루치오네2는 직렬4기통 2,000cc 터보엔진과 사륜구동으로 무장한 일반도로의 황태자였다. 출력은 그룹A의 최고허용치인 300마력 사양을 디튠한 215마력이다. 란치아는 WRC에서 총 5번의 월드 챔피언십을 획득했는데 델타 시리즈는 이 중 4번의 챔피언십을 기록했다.

30년 동안 자동차만 바라본 자동차 평론가
영원한 스포츠카 소년,
니시카와 준

일본에서 버블 세대는 많은 것을 누린 세대로 통한다. 전후 세대와 신인류를 잇는 역할을 하는 버블 세대는 일본의 경제, 사회 분야에 많은 영향을 끼쳤다. 30도가 넘는 뜨거운 여름 한 자락, 교토에서 만난 자동차 평론가 니시카와 준은 그가 활동했던 30여 년 동안 일본 자동차 시장의 흐름에 대해 자세하게 설명해 주었다. 은퇴가 점점 가까와지는 버블 세대인 그는 아직 현역이다.

같은 언론계에 있는 사람을 인터뷰하는 경우는 매우 드문 일이다. 그러나 이런 인터뷰가 성사되었을 때는 다른 어떤 사람들보다 친밀감 있고 자세한 얘기를 들을 수 있다. 동병상련과는 다른 감정이다. 서로의 관심사가 같은 만큼 선후배 입장에서 나누는 담소는 하나의 좋은 컨텐츠가 되기도 한다. 니시카와 준이 그랬다. 서로 활동하는 무대는 다르지만 충분한 공감대가 있었고 자동차 문화 선후배로서 매우 즐거운 시간이었다는 옵션도 포함된다.
교토 시내 외곽 한적한 주택가에 자리 잡은 작업실 겸 자택 앞에서 처음 만난 니시카와 준의 첫

인상은 보통의 일본인과 달랐다. 반바지에 편안한 차림이지만 어딘가 모르게 보통의 일본 사람의 사무적인 느낌과는 확연히 다른 패션 감각이 느껴진다. 시원한 차와 일본 전통 과자가 준비되어 있다며 안내한 곳은 작업실 1층의 작은 방. 30년 동안 모은 다이캐스트가 깔끔하게 진열되어 있었다. 현관 옆 셔터를 여니 하늘색의 알파 로메오 줄리에타 스파이더가 눈에 들어온다. 현재 이 곳에서 직접 관리하는 차는 1959년식 알파 로메오 줄리에타 스파이더를 비롯해 1970년식 피아트 500 두 대이다. 그 외 외부 개라지에서 관리하는 차는 총 17대로 1976년식 람보르기니 카운타크 LP400과 1983년식 토요타 셀리카 XX 2000 GT 등이 대표적이다.

"어렸을 때는 할아버지가 매월 사준 토미카(모형 자동차)가 전부 였습니다. 유치원에 들어갔을 때는 삼촌의 닛산 서니 쿠페와 초대 셀리카로 통학을 했는데 조수석에서 바라 본 삼촌의 모습은 마치 마법사와 같았습니다." 그가 회상하는 자동차와의 첫 인인이다. 1965년생인 그는 나라에서 태어나 대학까지 마쳤다. 이후 일본에서 가장 큰 규모를 자랑하는 카센서에서 기자생활을 시작했으며, 1999년 Jun e co를 설립해 독립했다. 현재는 자동차 컨텐츠 제작소인 Jun e co를 통해 독자들과 만나고 있다. 그가 기고하는 자동차 잡지는 카센서 엣지와 일본판 모터매거진, 로쏘, 카&드라이브 재팬, 오토카 재팬 등 오프라인과 온라인 15개 매체가 넘는다.

"확실히 요즘은 자동차가 개성이 없습니다. 성능보다 마케팅에 의존도가 높고 예전처럼 재미있는 차를 만난다는 게 쉬운 일은 아닙니다. 개인적으로 자동차라 하면 미니밴을 빼고 모든 것을 좋아하지만 두 자리 수의 실린더를 가진 엔진이 미드십에 올려져있는 슈퍼카는 가장 좋아하는 차종입니다. 맥라렌 F1이나 페라리 330 P4 같은 차들은 정말 멋진 차입니다."

자동차는 경험이다!

일본에서 니시카와 준하면 많은 자동차 마니아들 사이에서 슈퍼카와 이탈리아 차에 정통한 전문가로 통한다. 칸사이 지방 출신의 호전적인 성격도 한 몫 하겠지만 늘 유쾌하고 열정이 넘치는 모습이다. "무엇보다 자동차는 경험이 중요합니다. 일본의 자동차 시장 변화와 한국의 자동차 시장 변화는 아마 비슷할 것 같습니다. 더군다나 이런 현상은 점점 더 자동차 시장의 양극화를 가져오는데 취미로 즐기는 차와 실용성을 위한 차가 분명하게 구분됩니다. 최근의 추세는 대부분의 사람들이 운전을 그다지 즐기지 않으며 메이커에 대한 존경도 없습니다. 그렇지만 자동차는 필수가 되었고 텔레매틱스나 자동화의 진화는 예전 기술 발전 속도에 비해 확실히 빨라지고 있습니다. 여기에 보다 깊은 지식을 공유하는 클래식카와 레이싱카 분야는 꾸준하게 인기가 있고 나름의 시장을 형성하고 있죠. 취미든 실용성이든 가장 중요한 것은 경험입니다." 실제로 그의 연간 스케줄에는 세계 각국에서 열리는 자동차 이벤트와 랠리(일반적인 비포장 레이스와는 조금 성격이 다르다), 일본 내 랠리와 각종 토크쇼 등의 일정으로 빡빡하다. 인터뷰가 있던 날에는 바로 전 날 이탈리아에서 귀국했으며, 초대 GT-R인 하코스카를 타고 미국 대륙 횡단 랠리에 참가한 직후 였다.

그는 지금까지 참가했던 이벤트 중에 가장 기억에 남는 이벤트로 2014년 BMW 328로 참가했던 밀레 밀리아를 꼽는다. 세계 각지에서 열리는 자동차 이벤트와 랠리에 참가하면서 그는 많은 사람들과 교류하고 특히 일본 내에서는 규모를 가리지 않고 다양한 이벤트에 게스트로 참석해 일본 자동차 문화를 이끌어 가고 있다.

자동차를 제대로 즐기는 방법에 대해서는 의외로 간단하게 이야기했다. "어려운 것은 없습니다. 다만 자동차라는 기계는 보석과 달라 아끼고 구경만 하는 것은 바람직하지 않다고 생각합니다. 자동차는 움직이고 사람이 운전할 때 가장 큰 의미가 있기 때문입니다. 자동차를 가장 아끼는 방법은 늘 사람과 함께 하는 것입니다. 유지보수가 되었든 운전이 되었든 자동차는 늘 사람과 같이 있을 때 더욱 아름답고 가치가 있어 보이죠."

자연스럽게 인터뷰의 마지막 질문은 자동차 업계 종사자들의 공통 관심사였다.

최근 자동차의 인기가 줄어들면서 자동차 자체보다는 마케팅에 치중하고 점점 전자제품화 되어 가는 현상과 젊은 세대들에게 해주고 싶은 이야기에 대해서는 신중하고 조심스럽게 답했다. "일본 뿐 아니라 전 세계적으로 자동차의 인기는 스마트기기나 IT기기에 밀리고 있습니다. 한때는 게임기가 자동차의 가장 큰 경쟁 상대였으나 지금은 모든 것이 통합된 스마트 기기라고 볼 수 있죠. 자동차에 관심이 있는 사람이라면 어쨌든 여러 가지 자동차를 실제로 보고, 만지고, 타는 것이 가장 필요합니다. 이것저것 깊게 생각하지 않고, 좋아하는 차를 접하는 것이 가장 중요하죠." 무엇보다 그는 30년 간 자동차 평론가로 활동하면서 많은 사람들과 만나 좋은 추억을 만들었다는 점을 강조했다. 이런 부분이 지금의 젊은 세대와 다음 세대까지 이어지기를 진심으로 기원한다고 덧붙였다.

포르쉐가 인생이 된 사람들
〈911 데이즈〉의
히비노 마나부와 세키 토모노리

좌) 세키 토모노리
우) 히비노 마나부

일본에는 수십 가지가 넘는 자동차 전문 서적이 있다. 차종별 단행본부터 월간지, 격월간지, 주간지, 계간지를 포함해 한 달 동안 인쇄되는 자동차 전문 서적만 해도 몇 백만 부는 거뜬히 넘는다. 이 중 포르쉐를 전문으로 다루는 계간지인 〈911 데이즈〉는 현재 62호까지 나왔다. 〈911 데이즈〉를 만드는 두 사람, 히비노 마나부와 세키 토모노리는 포르쉐에 인생을 걸었다고 해도 과언이 아니다.

나고야 외곽에 위치한 〈911 데이즈〉의 사무실은 예상보다 찾기 어려웠다. 대로변에서도 떨어져 있고 언덕이 있는 골목 안에 있어 큰 길에서는 잘 보이지 않는다. 대중교통 접근도 그리 좋은 편은 아니다. 근처라고 생각한 골목 입구에서 안쪽을 보니 '데이즈'라는 간판과 '서점' 간판이 보인다. 2층 사무실로 올라가니 편안한 차림의 이웃집 아저씨 같은 히비노 씨가 반갑게 맞아 준다. 히비노 씨는 현재 64호까지 나온 포르쉐 전문 잡지인 〈911 데이즈〉의 편집장이다. 잠시 후 패셔너블한 옷차림에 세키 씨도 테이블에 합류했다. 같은 잡지를 만들고 있지만 성격이나 추구하는 바가 극명하게 달라 보인다.

두 사람과의 인연은 몇 년 전 여름으로 거슬러 올라간다. 한국에서 클래식카 관련 사업을 준비하던 엔스코리아의 주선으로 알게 된 두 사람은 뼛속까지 포르쉐 예찬론자다. 우리는 모두 자동차 잡지를 만들고 있었고 차에 대해서는 병적인 마니아였다. 이런 부분이 지금까지의 인연으로 이어지고 있다. 〈911 데이즈〉의 두 사람은 첫 창간호가 나온 17년 전부터 함께 일하고 있다.

포르쉐를 포르쉐답게 즐기는 법

부편집장인 세키 씨의 애마는 검은색 포르쉐 930 타르가이다. 그의 옷차림만큼이나 깔끔하고 깨끗하게 관리 중인 타르가를 처음 구한 시기는 약 13여 년 전. 일본 수퍼카 붐 세대인 그는 폭스바겐 골프와 토요타 셀리카를 탔었는데 어린 시절부터 동경한 타르가를 구입하면서 많은 부분이 달라졌다고 한다. "타르가를 좋아하기도 하지만 제가 930 타르가를 타는 이유는 포르쉐 전문 잡지 제작자로써 독자들에게 정확하고 설득력이 있는 정보를 주기 위해서입니다. 잡지를 만들면서 흥미 있는 정보를 빠르게 수집할 수 있고 지적 호기심에 대한 답을 찾을 때가 많습니다. 아! 나는 내 차를 가지고 서킷에는 가지 않습니다." 의외의 대목이다.

스포츠카의 대명사인 포르쉐를 타면서 서킷이나 달리기에는 별로 관심 없다는 그는 타르가를 멋지고 소중한 패밀리카라고 칭한다. "저에게 타르가는 달리는데 목적을 둔 차가 아닙니다. 아주 훌륭하고 멋진 패밀리카입니다. 매일 이 차로 출퇴근 하고 있습니다. 실제 나의 두 딸은 13살까지 이 차에서 어린 시절을 보냈습니다. 지금은 아이들의 덩치가 커져 가족용 차를 따로 가지고 있지만 아이들이 13살 때까지 타르가를 타고 함께 외출하는 일이 많았습니다." 세키 씨는 타르가를 구입하면서 인생이 많이 달라졌다고 한다. 좋아하는 차를 타고, 관련 잡지를 만들고, 아이들과의 추억이 차 곳곳에 많이 남아 있기 때문이라고 한다.

반면 편집장인 히비노 씨의 입장은 다르다. 현재 996 GT2를 타고 있는 히비노 씨는 덩치와 다르게 레이스 마니아이다. "포르쉐는 서킷을 달릴 때 그 진가를 알 수 있습니다." 히비노 씨는 지금도 여러 서킷 이벤트나 레이스에 출전 중이다. 포르쉐에 대한 얘기를 시작하니 그 동안 그를 거쳐 간 차들에 관한 추억을 꺼내 놓는다. "996 GT2는 지금 타고 있고 996 GT3도 소유했었고 911 스피드스터, 964 RS, 964 카레라2, 카브리올레, 930 카레라는 두 대나 소유했었어요. 930 SC도 있고 할부에 묶여있었던 914도 생각이 나는군요." 지금까지 탔던 포르쉐 중에 가장 기억에 남는 차를 꼽아달라는 질문에 그는 깊은 생각에 잠긴다. "한 대를 꼽기는 어려워요. 그래도 꼽아야 한다면 84년식 930 카레라 튜닝카는 가장 재미있었던 차입니다. 996 GT3는 노멀일 때 정말 재미있습니다." 히비노 씨는 잡지사 경력이 20년에 가깝다. 잡지를 기획하면서 서킷을 달려볼 기회가 있었는데 그 때 이후로 히비노 씨는 서킷 마니아가 되었다. 무려 19년 전의 일이다. 현재는 각종 내구레이스와 후지 스피드웨이 7시간 내구 레이스에 출전 중이다. "레이스를 할 때는 늘 무리하지 말자고 생각합니다. 하지만 그리드에서 스타트를 기다리고 있으면 늘 심장이 두근두근 합니다. 레이스를 즐기는 사람(프로가 아닌)들은 늘 즐기는 레이스를 이야기하지만 실제로 서킷에 들어가면 치열해 지곤 하죠. 더군다나 서킷에서 가장 좋은 성능을 내는 포르쉐를 타고 있으면 세상에 부러울 게 없습니다."

히비노 씨는 지금 타고 있는 996 GT2에 대해 "롤케이지가 있고 서킷 사양으로 가벼운 튜닝(브레이크와 시트, 안전벨트 등) 되어 있기 때문에 일상생활에서는 불편합니다. 그래서 출퇴근은 다른 차를 이용하고 있습니다. 원래는 N/A를 좋아하지만 터보에 대해 공부도 할 겸해서 지금의 차를 구입했습니다. 역시나 빠르고 훌륭한 차입니다만 991 GT3 RS 같은 차는 꼭 한 번 소유해 보고 싶어요. 꼭 포르쉐가 아니어도 다양한 차를 소유하는 건 모든 자동차 마니아들의 꿈이기도 하죠." 히비노 편집장과 세키 부편집장은 자동차 문화에를 매우 중요하게 생각한다고 한다. 대부분의 언론사가 서울에 몰려있는 한국과 비교했을 때 토쿄가 아닌 나고야에 본사를 둔 〈911 데이즈〉에는 상당히 다양한 컨텐츠가 실린다. 이전에 한국에 왔을 때 이런 차이점을 얘기했었는데 그에 대해 히비노씨는 "일본도 비슷하지만 나고야에 있다고 특별히 불편한 것은 없습니다. 일본은 전국에 퍼져 있는 딜러에서 시승차를 받을 수 있고 각 지역 별로 다양한 이벤트를 하죠. 여기에 지역 마다 퍼져있는 마니아들을 만나고 취재하기에 일본 열도 중간에 있는 나고야는 지리적으로 상당히 괜찮은 곳입니다. 굳이 근거지가 도쿄가 아니라도 다루는 컨텐츠는 비슷합니다."

서로 다른 문화를 즐기지만 포르쉐라는 공통점을 지닌 두 사람이 만드는 〈911 데이즈〉는 3개월에 한 번, 계절이 바뀔 때 나온다.

한류 팬의
올드카 사랑
마키노 씨의 특이한 자동차들

지역으로 보면 중부 지역에 속하는 나고야에서 기차로 1시간 떨어진 토요하시에서 만난 토시오 마키노 씨는 자동차 마니아 중에서도 상용차 마니아이다. 그가 소유한 차 3대는 모두 우리나라에서는 전혀 만날 수 없는 차들이다. 자칭 '상용차 마니아'라 칭하는 그를 통해 일본 상용차를 경험해 볼 수 있었다.

크레용팝의 팬이자 한류 팬임을 자처하는 토시오 마키노 씨를 처음 만난 건 2014년 여름 서울에서였다. 칸사이의 클래식카 취재를 마치고 다른 일행들은 서울로 돌아간 후 혼자 나고야로 이동했다. 이번에는 필자가 그의 차들을 구경하고 싶어 그가 살고 있는 토요하시를 찾기 위해서였다. 나고야에서 전철로 약 1시간. 한적한 시골 마을에 살고 있는 그는 오래된 상용차에 대해 다양한 이야기를 들려주었다.

미국 스타일로 다듬은 닛산 글로리아 밴

그를 처음 만났을 때 가장 먼저 꺼낸 이야기는 크레용팝이었다. 레이디가가 콘서트 오프닝을 담당했던 크레용 팝의 콘서트를 보기 위해 서울을 방문한 그는 크레용팝 외에 현대에서 오래 전에 생산한 그라나다에 관한 얘기와 삼성교통박물관에 방문했던 경험을 이야기하기 시작했다. 자신을 평범한 회사의 연구원이라 밝힌 첫 모습은 말 그대로 평범한 이웃집 아저씨. 자동차 부품 회사에서 헤드라이트에 들어가는 모터 개발과 특허 관련 업무를 담당하는 그가 보여준 사진에는 초대 스카이라인의 왜건의 모습이 담겨 있었다. '이런 차가 있었나?' 일본에 사는 자동차 관련 업종에 있는 친구들에게 이 사진을 보여 주니 모두 같은 대답을 했다. "이 사람 보통 사람이 아니다!" 그렇게 한류 팬이자 조금 특이한 마키노 씨와 인연이 시작되었다.

아침 8시. 붐비는 토요하시역에 그는 자신의 닛산 글로리아 밴을 가지고 나왔다. 1960년대 출시된 미국차 디자인 영향을 받은 글로리아 밴은 요즘에도 보기 힘든 독특한 구조이다. 세로로 배치된 헤드라이트와 길게 뻗은 리어뷰, 적당히 균형 잡힌 모습은 작은 것을 사랑하는 일본인들의 취향과는 약간 거리가 있다. 더군다나 4.5m가 넘는 긴 차체와 널찍한 벤치 시트는 요즘 차에서는 전혀 찾아볼 수 없는 모습이다. 안전벨트는 운전석에만 있다. 당시 자동차 법규에 따른 모습이다. 거기에 변속기는 수동이다. 스티어링 좌측에 붙어 있는 칼럼식 시프트 레버도 처음 본다. 더군다나 "이 차에는 에어컨이 없다"고 했을 때는 기분은 출력이 높은 스포츠카나 슈퍼카를 담당했을 때와는 전혀 달랐다. 사실 걱정이 앞섰다. 이 더위에 에어컨 없는 차라니 …… 참고로 취재가 진행된 7월의 일본은 가장 덥고 습도가 높은 시기이다.

45년이 넘었지만 탄탄한 섀시

간단하게 아침식사를 한 후 마키노 씨가 소유한 차들이 주차되어 있는 곳으로 이동했다. 글로리아 왜건과 스카이라인 왜건은 한적한 시골 마을에 위치한 마키노 씨의 집에 보관 중이고 토요펫 크라운 픽업은 공영주차장에 보관 중이다. 일본은 사실 우리가 생각하는 것보다 훨씬 자동차를 유지하기 힘들다. 차고지 증명을(주차장이 없으면 차를 구입할 수 없다) 비롯해 높은 주차비와 고속도로, 유료도로 통행료를 감당해야 하며 자동차 세금은 차령을 기준으로 어느 시점이 지나면(오래되면) 매년 15%씩 할증된다. 여기에 교통법규 위반 범칙금은 상상을 초월한다. 마키노 씨를 만나 그가 소유한 차들을 구경하고 점심 무렵에는 함께 나고야로 돌아오는 일정이었다. 나고야에서는 또 다른 취재 일정이 잡혀 있었다. 토요하시에서 나고야로 돌아오는 길에는 마키노 씨의 글로리아 왜건을 이용하기로 했다. 직접 운전할 기회도 있었고 여러모로 한국에서 경험하기 힘든 차를 경험해 볼 수 있었다.

글로리아는 세드릭과 함께 닛산을 대표하는 기함이다. 기술의 닛산이라고 불리던 시절은 스포츠카에서는 스카이라인 GT-R이, 일반 승용차 시장에서는 글로리아와 세드릭이 만들어 놓은 것이나 다름없다. 당대 최고의 엔지니어링으로 만들어진 글로리아는 1959년 첫 모델을 선보인 후 지난 2004년까지 닛산의 간판 역할을 했다. 마키노 씨의 차는 프린스 시절에 생산된 3세대 모델로 1970년식 밴으로 일본의 전후 세대들이 가장 갖고 싶어 했던 차이기도하다.

우선 이 차에는 부식이 없다. 아주 깔끔하다고 할 수는 없지만 도장이 깨지거나 부식이 발생한 곳이 전혀 없다. 일부 부품은 생산이 중단되었지만 아직까지도 일본 클래식카나 올드카 마니아들 사이에서 글로리아는 내수형 차중에 인기가 높은 편이다. 앞좌석과 뒷좌석은 널쩍한 벤치시트. 등받이가 거의 90도에 가깝지만 생각보다 상당히 편하다. 센터페시아와 계기판 등은 세월의 흔적이 고스란히 남아 있지만 직렬 6기통 특유의 엔진 소리는 상당히 고전적이다.

좁고 구불구불한 국도를 빠져나와 고속도로에 진입했을 때 마키노 씨는 필자에게 운전을 맡겼다. 칼럼식 시프트 레버는 위치를 잘 찾아야하고 일반적인 변속기와 기어가 들어가는 방향이 달라 적응하는데 시간이 걸렸다. 변속기는 오버드라이브가 포함된 4단이다. 3단의 기어비가 1:1이 되고 4단 역할을 하는 오버드라이브는 그 이하로 기어비가 떨어진다. 마키노 씨의 말의 의하면 4단이나 3단+오버드라이브 구성은 닛산에서 고급차에 사용했던 조합이라고 한다.

고속도로에서 움직임은 매우 안정적이다. 무엇보다 놀란 부분은 섀시이다. 서스펜션은 당시 미국차를 벤치마킹한 일본차답게 부드럽지만 섀시는 요즘 독일차 못지않게 탄탄하다. 기술의 닛산이라는 말이 왜 생겼는지 알 수 있는 대목인데 안쓰럽다 못해 그저 그런 메이커로 변해 버린 최근 닛산의 행보와 묘하게 오버랩된다.

마키노 씨의 글로리아 밴은 상용차보다 스테이션왜건에 가깝다. 이 차가 나왔을 당시만 해도 일본에서도 왜건은 상용차로 구분되는 게 보통이었으나 용도에 따라 승용차로 변경할 수 있었다고 한다. 단, 적재함에 영업용 화물을 싣지 못하도록 일정 부분은 높이고 차체 양옆에 자가용(自家用) 스티커를 의무적으로 부착해야 했었다.

글로리아 밴은 닛산 기함의 왜건 버전인 만큼 당시 닛산의 모든 기술이 집약된 차이다. 직렬 6기통 엔진은 이후 하코스카 스카이라인과 페어레이디 Z와 함께 사용했고 내장재의 품질이나 완성도가 상당히 높은 럭셔리카에 해당했다. 한때 기술의 닛산을 상징하는 차였지만 2004년 경영 합리화 일환으로 안타깝게 단종되면서 많은 글로리아 팬들이 아쉬워했었다고 한다. 마키노 씨는 이 차를 타고 매일 토요하시와 직장이 있는 시즈오카를 왕복한다고 했다. 출시 45년을 훌쩍 넘겼지만 여전히 편안하게 잘 달리고 늘 함께 하는 친구 같은 존재라고 한다.

1970년식
닛산 글로리아 밴

등급 : 밴 디럭스

형식 : VHA30

전장(mm) : 4,690

전폭(mm) : 1,695

전고(mm) : 1,500

축거(mm) : 2,690

엔진 형식 : 직렬 6기통 OHC(L20)

배기량(cc) : 1,998

최고출력 : 115/5,600rpm

변속기: 수동 칼럼 3단+Over Drive (총4단)

브레이크 : 전/후 드럼 브레이크

공차중량(kg) : 1,350

칼럼식 시프트

공간 활용을 중요하게 생각하는 미국차의 영향을 받아 1970년대에는 칼럼식 시프트가 보편적이었다. 한국에서도 1990년대 초반까지 면허 시험장에서 칼럼식 시프트를 볼 수 있었다. 지금은 전륜구동 방식과 자동변속기가 보편화되면서 공간 활용이 쉬워졌지만, 세로 배치 엔진 후륜구동에서 칼럼식 시프트는 구조가 매우 복잡했다.

마키노 씨의 컬렉션(?)

가능한 전세계 자동차의 브로슈어를 모은다는 마키노 씨는 필자에게 1980년대 현대의 브로슈어를 보여주었다. 아쉽게도 한국 내수형이 아닌 북미 수출형 브로슈어였지만 바다 건너 이국에서 만나는 오래된 한국차 브로슈어는 감회가 새로웠다. 이 브로슈어를 보여주면서 마키노씨는 "현대에서 이것을 보관하고 있을까요"라고 물었는데 확실하게 대답할 수 없었다. 마키노 씨가 가장 아끼는 컬렉션이라고 한다.

우리가 바라본 일본과 한국 자동차 메이커

"지금 닛산은 예전 닛산이 아니다. 예전에는 기술이라도 있었지만 지금은 기술도 마케팅도 제대로 못 하는 회사가 되었다. 기술의 닛산은 이제 없다."

"80점 주의를 고수하던 토요타는 모든 면에서 우위에 있던 닛산을 앞질러 기술도 마케팅도 잘 하는 회사가 되었다."

"마쓰다는 여전히 특유의 열정이 있다."

"혼다는 기술과 열정 자부심, 곤조(근성)이 있는 회사"

"스바루는 …… 스바리스트만 있는 회사(스바리스트는 스바루와 테러리스트의 합성어로 스바루 특히 임프레자 마니아를 지칭하는 말이다)."

"미쓰비시는 …… 여러모로 어렵다."

"현대는 …… 어렵다. 기술은 조금 있고 마케팅 제대로 못 하고 고유기술이 부족한 회사. 아! 꾸준한 '곤조'는 있다(나쁜 의미로)."

마키노 씨 차의 필수품

마키노 씨가 소유한 차에는 토요펫 크라운 픽업을 제외하고 에어컨이 없다. 글로리아 밴은 부품을 구했지만 아직 장착 전이고 나머지 차들은 아예 엄두를 못 내고 있다.

사실 국내에서도 지금처럼 에어컨에 내장된 모습은 1980년대에 선보였다. 필자의 기억에서 최초의 내장형 에어컨이 있었던 차는 포니 엑셀과 스텔라 정도이다. 그 전에 아버지가 소유했던 코티나 마크IV와 마크V는 글로브박스 아래 별도의 에어컨을 달았었다. 마키노 씨의 토요펫 크라운 픽업과 같은 형태다. 글로리아 왜건과 토요펫 크라운 픽업에는 도어 유리 앞쪽에 별도의 작은 삼각창이 있다. 물론 모두 수동이다. 대신 부채가 필수품이다.

1972년식 닛산 스카이라인 밴

처음 이 차의 사진을 봤을 때 합성인 줄 알았다. 앞모습은 분명 하코스카 스카이라인인데 뒷부분이 왜건인 이질적인 모습 때문이었다. 일본에서도 매우 희귀한 차이다. 부품이 없어 리스토어는 엄두도 낼 수 없다고 한다. 마키노씨 소유의 차중에 가장 젊지만 부품은 가장 구하기 힘든 차. 조수석에는 이니셜 D에서나 볼법한 '자가용' 스티커가 붙어 있다. 주행 가능.

등급 : 1500 밴 디럭스 엔진 형식: 직렬 4기통 OHC(G15)
형식: VC10 배기량(cc) : 1483
전장(mm) : 4,265 최고출력 : 95/6,000rpm
전폭(mm) : 1,595 변속기: 수동 칼럼 3단
전고(mm) : 1,425 공차중량(kg) : 1,030
축거(mm) : 2,490 브레이크: 전/후 드럼 브레이크

1969년식 토요펫 크라운 픽업

타코마나 하이럭스 같은 토요타 스포츠 픽업의 먼 조상이다. 내수형은 토요펫 크라운 픽업이고 수출형에는 토요펫이 아닌 토요타 크라운이라는 이름을 달았다. 픽업 시장을 겨냥한 모델로 미국에서 인기를 끌었으며, 문아이(Moon Eye) 같은 미국 취향 튜닝 전문점에서 튜닝한 모델을 내놓기도 했다.

토요펫은 토요타 딜러 중 가장 대중적인 곳이다. 토요타에서 생산되는 대부분의 차를 다루며 딜러와 정비센터가 같이 있는 곳이 많다. 토요타의 딜러망은 다루는 차종에 따라 토요타, 토요펫, 카롤라(코로나), 크라운, 넷츠 등으로 나뉘며 닛산은 블루 스테이지, 레드 스테이지 등 나눈다. 워낙에 생산 차종이 많다보니 다루는 차종에 따라 구분하는데 최근에는 토요타를 제외하고 통합 딜러망으로 변경된 곳도 많다.

등급 : 싱글 픽업 엔진 형식: 직렬 6기통 OHC(M-C)
형식 : MS56 배기량(cc) : 1988
전장(mm) : 4,690 최고출력 : 100/5200rpm
전폭(mm) : 1,690 변속기 : 수동 칼럼 3단
전고(mm) : 1,500 공차중량(kg) : 1,180
축거(mm) : 2,690 브레이크 : 전후 드럼 브레이크

와인과 재즈,
포르쉐가 함께 있는 공간
이름없는 개라지

한국에서 개인이 개라지를 운영한다는 것은 상당히 어려운 일이다. 높은 땅 값과 호모한 자동차 관련 법규까지 생각하면 어지간한 경제적인 능력으로는 어림도 없다. 일본 역시 이런 상황에 대해서는 비슷하다. 하지만 열정이 있는 사람에게 이런 조건은 아무런 문제가 되지 않는다. 이름 모를 골목을 지나 도착한 이름없는 개라지가 바로 그런 곳이다.

이곳은 완전히 개인적인 공간이다. 주인장이 워낙에 외부 노출을 꺼려 간단한 통성명도 제대로 하지 못했다. 나이가 지긋한 주인장은 필자에게 개인 공간을 보여주고 이번 책에 싣는 것을 허

락했지만 끝끝내 자신이 누구인지, 어떤 일을 하는지에 대해서는 함구했다. 이번 취재는 클래식카 엔스 코리아, 콜라보X와 혈맹(?) 관계인 〈911 데이즈〉의 주선으로 성사되었다. 덕분에 주인장에 대한 정보만 노출하지 않는다면 마음껏 취재해도 좋다는 허가를 받았다. 〈911 데이즈〉의 히비노 편집장과 세키 부편집장이 우리의 보증을 선 것이나 다름없다.

이름없는 개라지는 복잡한 대로변에서 한 블록 정도 떨어진 주택가 한 빌딩의 1층이다. 외부에서 내부가 보이긴 하지만 아무도 이곳을 개인적인 공간으로 생각하지 않을 정도다. 설명에 의하면 가끔 카페인줄 알고 들어오는 사람이 있을 때도 있다고 한다. 충분히 그럴만한 느낌이 가득하다. 차에서 내려 이 곳의 문을 열고 안으로 들어왔을 때도 그 느낌은 가시지 않는다.

깨끗하게 정리정돈 된 테이블과 은은한 조명, 두 대의 포르쉐, 양쪽 벽으로는 간단한 작업을 할 수 있는 작업대가 있고 반대편에는 쇼케이스와 작은 바가 있다. 바 뒤편으로는 와인 수납공간이 있으며 유리 테이블 위로 흐르는 잔잔한 재즈까지 더하니 데이트하기 좋은 분위기 이다. 이곳이

개인 개라지라는 설명이 없었다면 분위기 좋은 카페 정도로 생각했을 것이다.

특별한 공간인 만큼 눈에 들어오는 모든 것이 특별하다. 바 의자는 올드 포르쉐의 브레이크 드럼으로 만들어졌으며 은은한 조명은 포르쉐의 헤드라이트, 유리 테이블을 떠받치고 있는 스탠드의 윗부분은 포르쉐의 스티어링 휠이다. 자세히 살펴보니 이 공간에 있는 물건 중에 와인과 재즈를 제외하고 포르쉐와 연관되지 않은 물건이 없다. 주인장은 개라지 곳곳에 있는 물건들에 대해 설명한다. 기분전환을 위해 이 공간을 만들었지만 철저하게 포르쉐가 중심인 것을 보니 주인장의 열정이 대단하다. 무뚝뚝한 인상을 보였지만 포르쉐 얘기가 나오고 차에 설명을 부탁하니 눈빛이 반짝거린다. 전세계 어디를 가도 '차쟁이'에게서 보이는 그런 눈빛이다.

현재 이곳에 있는 포르쉐는 1세대 911S와 356이다. 스티브 맥퀸이 소유했던 포르쉐와 같은 모델인 911S는 주인장과 만난지 32년, 클래식 포르쉐 중에 인기가 높은 356은 36년이 되었다고 한다. 주인장을 오랜 시간을 함께한 이 포르쉐를 직접 관리한다. 물론 엔진이나 섀시 같은 큰 공구가 필요한 부분이나 보디 작업은 외부에 의뢰하지만 간단한 작업은 직접 하는 편이다.

주인장의 또 다른 취미

장식장 한쪽에는 알루미늄 덩어리들이 자리를 차지하고 있다. 자동차 디자인 과정에서 만드는 목업 모형과 비슷한 느낌의 알루미늄 덩어리들의 정체는 주인장의 또 다른 취미이다. 깨끗한 알루미늄 덩어리를 구해 주인장은 시간이 날 때 마다 깎고 다듬어 포르쉐를 만든다고 한다. 장식장에 있는 것들은 현재 제작 중인 것들인데 이 역시도 주인장의 개인 취미일 뿐 이다. 오래된 포르쉐를 구석구석 아는 만큼 알루미늄 덩어리가 포르쉐가 될 쯤의 디테일은 주인장의 직업이 조각가가 아닐까 하는 의문이 들게 한다.

Look all you want, but please don't touch

CHAPTER 3
Museum

G LION MUSEUM
TOYOTA AUTOMOBILE MUSEUM
Japanese Vintage
Epilogue

오사카의 외곽의
새로운 랜드 마크
G 라이온 뮤지엄

보통 사람들은 오사카하면 현란한 네온사인이 가득한 도톤보리와 난바, 유니버설 스튜디오를 비롯해 오코노미 야키 등을 떠올린다. 최근 10여 년간 업무와 여행으로 일본의 대부분 도시를 다녀 봤지만 아쉽게도 오사카와 인연은 닿지 않았다. 도심 관광지하고는 인연이 먼 지라 이번에도 오사카 외곽에 새로 개장한 자동차 박물관을 찾는 것이 전부였다.

오사카는 국제항이 있는 곳이다. 큐슈 지역의 하카타 항과 중부 지방의 시모노세키 항, 오사카 항을 가르켜 일본의 3대 국제항이라 칭한다. 그 중 가장 국제 교류가 가장 활발한 곳이 오사카 항이다. 이번에 방문한 G 라이온 뮤지엄은 오사카항 근처에 있는 곳으로 2015년 6월에 개장한 곳이다.

화물을 보관하던 창고를 개조한 G 라이온 뮤지엄은 분위기가 매우 독특하다. 빨간 벽돌의 오래된 건물은 일본인 듯, 일본 아닌, 일본 같은 분위기를 자아내고 있으며, 전체적으로 유럽 빈티지에 초점을 두었다.

G 라이온 뮤지엄을 운영하는 G 라이온 그룹은 오사카를 중심으로 일본 자동차 관련 분야에서 상당한 규모를 자랑하는 회사이다. BMW 딜러로 규모를 갖춘 G 라이온그룹은 현재 유럽과 일본, 미국에 자동차 수출 사업과 클럽 멤버십 운영, 클래식카 판매 사업이 주력이다. 이곳에 가장 큰 특징은 자동차 매매가 가능한 2개의 쇼룸과 4개의 전시장, 2개의 카페테리어로 이루어졌다는 점이다.

전체 전시 차는 모두 G 라이온 그룹이 소유한 것들로 약 100여대이다. 4개월에 한 번 리모델링을 통해 배치를 바꾸거나 교체하며 콘서트나 전시회 같은 문화 이벤트도 함께 진행한다.

고급스러운 갤러리 안의 클래식카

빨간 벽돌과 깨끗하게 포장된 바닥, 드문드문 서 있는 오래된 가로등, 창고 시절 사용했던 표지판과 크레인은 1920년대 뉴욕이나 런던의 분위기를 가득 머금고 있다. 창고로 쓰이던 시절의 복잡하고 분주했던 모습은 거의 남아있지만 군데군데 보이는 고풍스러운 표지판은 옛것과 현대적인 것들을 적절하게 조합한 갤러리의 분위기이다. 마치 타임머신을 타고 과거로 온 듯한 G라이온 뮤지엄의 외부를 돌아다니다 보면 묘한 기분이 든다. 더군다나 밖이 보이는 야트막한 담당 하나 사이로 이쪽은 클래식카가 가득하고 건너편은 분주하게 움직이는 화물차와 현대적인 자동차들이 움직이고 있는 것을 보고 있으며면 시간의 경계에 서 있다는 것을 실감할 수 있다.

'카페 1923'을 지나면 이어진 두 개의 쇼룸이 나온다. 이곳에는 판매가 목적인 클래식카가 전시 되는데 주로 1960년대와 1970년대의 차들이 전시되며 교체 주기도 빠르다. 쇼룸은 전체 조명이 밝아 구매 의사가 있는 사람들이 찾을 경우 차체 곳곳을 꼼꼼하게 볼 수 있도록 배려했다. 이곳에서는 더 친근하고 대중적인 클래식카가 주를 이루며 국적에 상관없이 다양한 차종들이 모여 있다.

뮤지엄 간판이 붙은 공간은 크게 4곳이다. 파이오니어 베테랑 존을 시작으로 빈티지 존, 유러피언 빈티지 존, 재패니스 빈티지 존으로 구분되며, 밀레밀리아에 출전했던 경주차나 지금은 몇 대 남지 않은 희귀 클래식카를 테마에 맞게 전시해 놓았다. 실내 전시장 역시 예전에 사용하던 구조물을 대부분 그대로 사용했다. 노출되어 있는 붉은 벽 돌 사이로 세월의 흔적이 진하게 남아 있고 어두운 조명 아래 자리 잡은 클래식카들은 생산 당시의 느낌을 제대로 재현하고 있다. G 라이온 뮤지엄에서 가장 인상 깊었던 곳은 재패니스 빈티지 존이다. 사실 일본 내에서도 일본산 클래식카의 인기는 유럽 클래식카에 비해 적은 편이다. 닛산 스카이라인 GT-R이나 토요타 2000GT 같은 차를 제외하고 다른 차종은 아직 클래식카로 구분되기 보다는 올드카로 구분되는 경향이 많다. G 라이온은 올드카라는 용어 대신 '재패니스 빈티지 카' 라는 용어를 사용하면서 일본차들에 대한 특별함을 추구했다. 거품 경제 시절을 풍미했던 일본의 상징적인 자동차를 테마에 맞게 구분해 놓은 것도 특징인데 차종에 상관없이 오래된 다양한 차들을 볼 수 있다. 아쉬운 점은 일반 관람객은 실내 사진 촬영이 불가하다는 점이다.

홈페이지 : www.glion-museum.jp
관람시간 : 뮤지엄, 카페 10:00~22:00
쇼룸 10:00~19:00(tel 06-6573-3007)
레스토랑 17:30~22:30
정기휴일 : 매주 수요일
입장료 : 성인 1,500엔/어린이 500엔
2015년 7월 기준

일본 자동차 산업의
역사를 보다
토요타 오토모빌 뮤지엄

나고야를 대표하는 기업을 꼽자면 거의 대부분의 사람들이 토요타를 꼽는다. 방적기 회사로 출발해 글로벌 톱에 오른 토요타는 대중적이고 친근한 이미지를 가지고 있다. 혹자는 토요타의 이런 모습을 특별한 장점도 단점도 없다고 평가하기도 하지만 꾸준하게 사랑을 받아 왔다는 점에 대해서는 공감한다. 나고야 외곽에 위치한 토요타 오토모빌 뮤지엄은 토요타와 일본 자동차 산업의 과거를 한 눈에 볼 수 있는 곳이다.

일본은 지역 별로 자동차 색이 강한 곳이다. 스즈카 서킷이 있는 미에와 관동 지방의 사이타마는 혼다색이 강하고 산이 많은 군마는 스바루, 2차세계대전의 한(恨)이 서린 히로시마는 마쓰다가 대표 자동차 기업이다. 일찍이 나고야에 터를 잡은 토요타는 다른 일본의 자동차 메이커에 비해 지역 색이 강한 편이 아니지만 토요타 시의 등록 자동차 80%가 토요타라는 점을 보면 이 지역도 토요타 색이 강하다고 할 수 있다. 하지만 다른 지역과는 달리 나고야 일대에서 토요타 색을 찾기란 어렵다. 그만큼 대중적이고 친근하다는 의미인데 이는 다른 지역에서도 마찬가지다.

토요타는 상생을 외친다

특별한 장점도 특별한 단점도 없는 회사가 글로벌 톱이 되었다. 기술과 럭셔리, 모터스포츠를 내세우던 회사를 앞서 나가는 현재 토요타의 모습이다. 토메이 고속도로를 빠져나와 약 10분 정도면 도착할 수 있는 토요타 오토모빌 박물관에서는 이런 일련의 과정을 볼 수 있다. 나고야에는 토요타 박물관이 두 곳이다. 한 곳은 토요타 공장 근처에 있는 곳이고 이번에 소개되는 곳은 토메이 고속도로를 빠져나와 곧바로 연결되는, 일반인들이 가장 많이 찾는 곳이다.

한적한 국도변에 위치한 토요타 오토모빌 뮤지엄의 겉모습은 잘 정돈된 미술관 같은 느낌이다. 깨끗한 건물과 정돈된 구획, 잘 짜여진 동선은 토요타가 글로벌 톱 기업으로써 갖춰야할 모든 요소가 잘 어우러져 있다.

JAF(Japan Automobile Federation 일본 자동차 연맹) 회원이면 할인 해택을 받을 있는 매표소를 지나 입장한 전시장은 입체적인 구조를 가지고 있다. 2층 구조로 된 전시장은 넓다고는 할 수 없지만 관람하기 편하게 구성되어 있다. 특징적인 부분은 1920년부터 최근까지 시대별로 구분해 놓았다는 점이다. 바리케이드도 최소화했으며 자동차를 최대한 가까이에서 볼 수 있다.

우리네 정서로는 좀 이해가 안 되긴 하지만 이곳에는 토요타에서 생산한 차들만 있는 것은 아니다. 물론 토요타가 주력이긴 하지만 역사적으로 의미가 있거나 자동차 문화에 큰 영향을 끼친 클래식카를 함께 만날 수 있다. 미국차도 있고 영국차도 있고, 프랑스차도 있고 심지어 경쟁사인 혼다나 닛산, 마쓰다의 차들도 함께 전시되어 있다.

토요타 아키오 회장 이전의 토요타 모습은 보수적인 부분이 강했지만 아키오 회장이 경영일선에 나선 후 토요타는 늘 상생을 내세웠다. "우리만 1등을 해서는 잘 될 수 없습니다. 자동차 업계의 모든 이가 다 잘 되어야 우리도 1등을 할 수 있고 우리가 만드는 차가 아니더라도 젊은 세대들이 자동차에 대한 즐거움을 느낄 수 있어야 합니다." 아키오 회장이 자주 하는 말이다. 자칫 승기를 잡은 자의 오만으로도 비춰질 수 있지만 최근 토요타의 행보를 보면 좋은 쪽으로 해석이 가능한 부분이다.

이곳에는 자동차만 있는 것은 아니다. 자동차 전시장과 이어진 공간에는 일본의 근현대사와 자동차의 역할을 함께 설명해 놓은 공간과 도서관이 있다.

사실 자동차 역사는 일반인들에게 매우 어렵고 복잡하고 지루하다. 그러나 토요타 오토모빌 박물관을 둘러보면 간단하게나마 일본 자동차 기술 흐름과 시대상을 알 수 있다. 또한 과거와 현재, 미래를 잇는 구성도 누구나 쉽게 이해할 수 있도록 만들어 놓은 것도 눈 여겨 볼만하다. 토요타 오토모빌 박물관은 50년 이상 된 클래식카와 가장 최신 자동차 기술이 집약된 수소전지연료차인 미라이가 함께 있는 곳이다.

토요타 모델 AA (1936년 일본)

토요타 자동차의 창업주인 토요타 키치이로를 중심으로 개발된 토요타 최초의 자동차. 미국차의 영향을 많이 받았으며 직렬 6기통 3,400cc OHV 엔진을 사용했다. 최고 출력은 약 65마력이며 토요타 오토모빌 박물관 입구에 전시된 차는 레플리카이다.

판하드 르바소 B2 (1901년 프랑스)

기록상 후륜구동 방식을 채택한 최초의 자동차로 후륜구동방식이 보급되는 계기가 되었다. 판하드는 세계 최초의 레이스를 시작으로 수많은 레이스에 활약했다.

롤스로이스 40/50HP 실버 고스트 (1910년 영국)

럭셔리 브랜드의 대명사이자 성공의 상징인 롤스로이스가 만든 최고 걸작으로 꼽히는 차이다. 테스트용 차가 은색이고 유령처럼 조용히 움직였던 것에서 착안한 이름이 붙었다. 귀족과 부호들을 위한 차로 만들어졌으며 이 전통은 지금까지 이어지고 있다.

부가티 타입 35B (1926년 프랑스)

독창성과 미학, 성능으로 유명한 에토레 부가티의 대표작. 대량생산 레이스카로 유명하며 부가티의 메인 컬러인 하늘색 도색이 인상적이다. 35B는 르와이알과 함께 부가티 최고의 역작으로 불리는데 당시에는 획기적인 디자인에 예술적인 설계로 큰 주목을 받았다. 엔진은 직렬 8기통 2,236cc 수퍼차처이며 최고 출력은 130마력에 육박했다.

알파 로메오 6C 1750 그란 스포르토 (1930년 이탈리아)

비토리오 야노의 걸작. 직렬 6기통 1,752cc DOHC 엔진에 슈퍼차저를 더해 최고 출력 85마력을 자랑했다. 당시 알파 로메오는 출력보다 차체 경량화를 선택했는데 이 차는 밀레 밀리아를 비롯해 많은 레이스에서 이름을 알렸다.

들라지 타입 D8-120 (1939년 프랑스)

프랑스 레이스에서 활약하던 들라지는 고급차 제작에 집중한다. 엔진은 당시 유행하던 직렬 8기통 4,750cc OHV이며 최고 출력은 115마력이다. 토요타 오토모빌 뮤지엄에 전시된 차는 당시 프랑스에서 가장 유명했던 코치빌더인 피고니&팔라시에서 제작했다.

치시탈리아 202 쿠페 (1947년 이탈리아)

피닌파리나가 디자인한 아름다운 스타일로 1951년 뉴욕 현대 미술관이 선정한 우수 디자인 베스트 8에 선정되었다. 토요타 오토모빌 뮤지엄에 전시된 차는 1948년 밀레 밀리아에서 5위에 입상했던 실제 경주차이다.

오스틴 힐리 스프라이트 (1958년 영국)

경량 로드스터 붐에 앞장 섰던 오스틴 힐리 스프라이트는 오스틴 7 스포츠 모델의 후속이다. 독특한 디자인 때문에 영국에서는 '개구리 눈(프로그 아이)'으로 불렸으며 일본에선 '게 눈(카니메)'라는 애칭으로 불렸다. 엔진은 직렬 4기통 945cc OHV이며 최고 출력은 43마력이다.

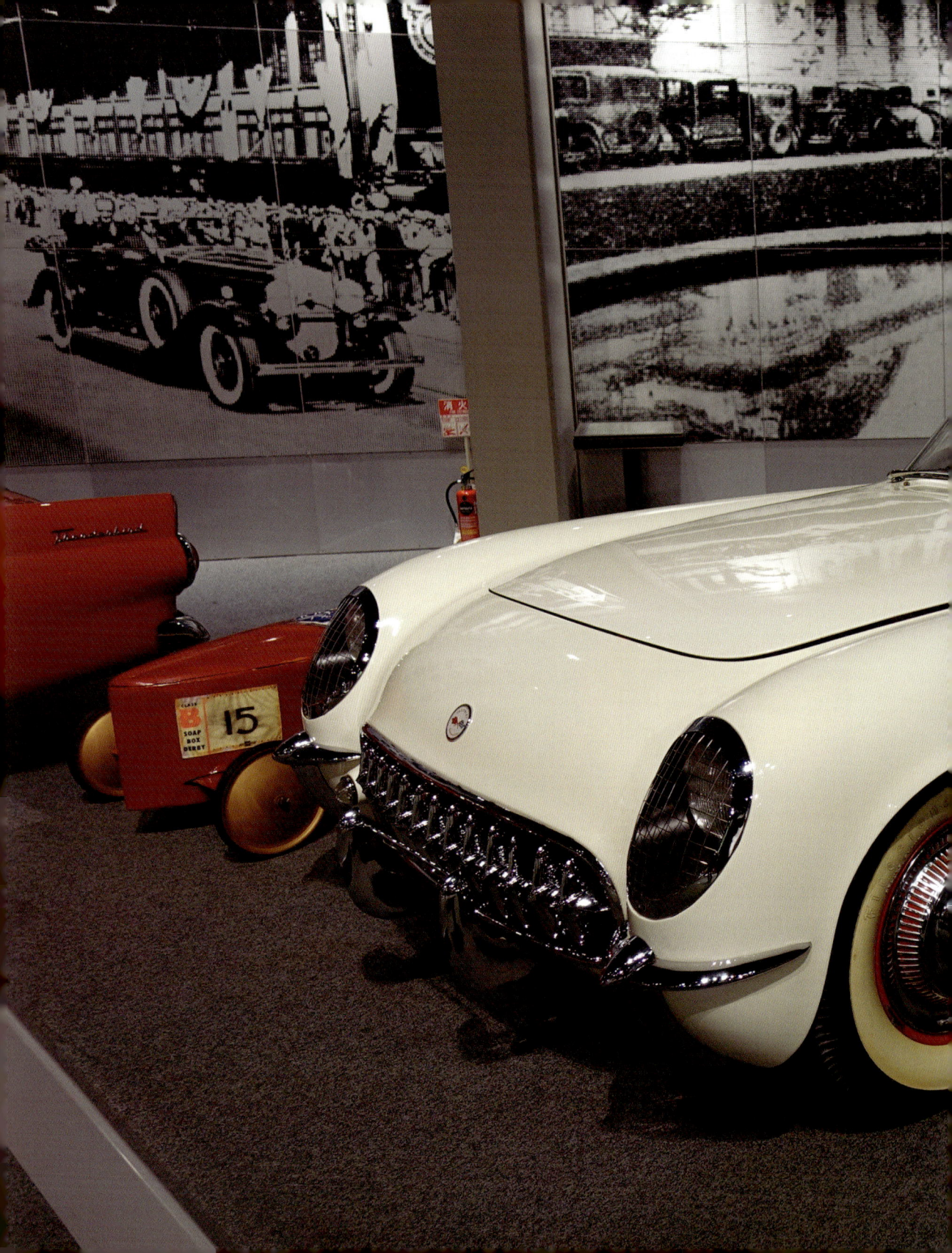

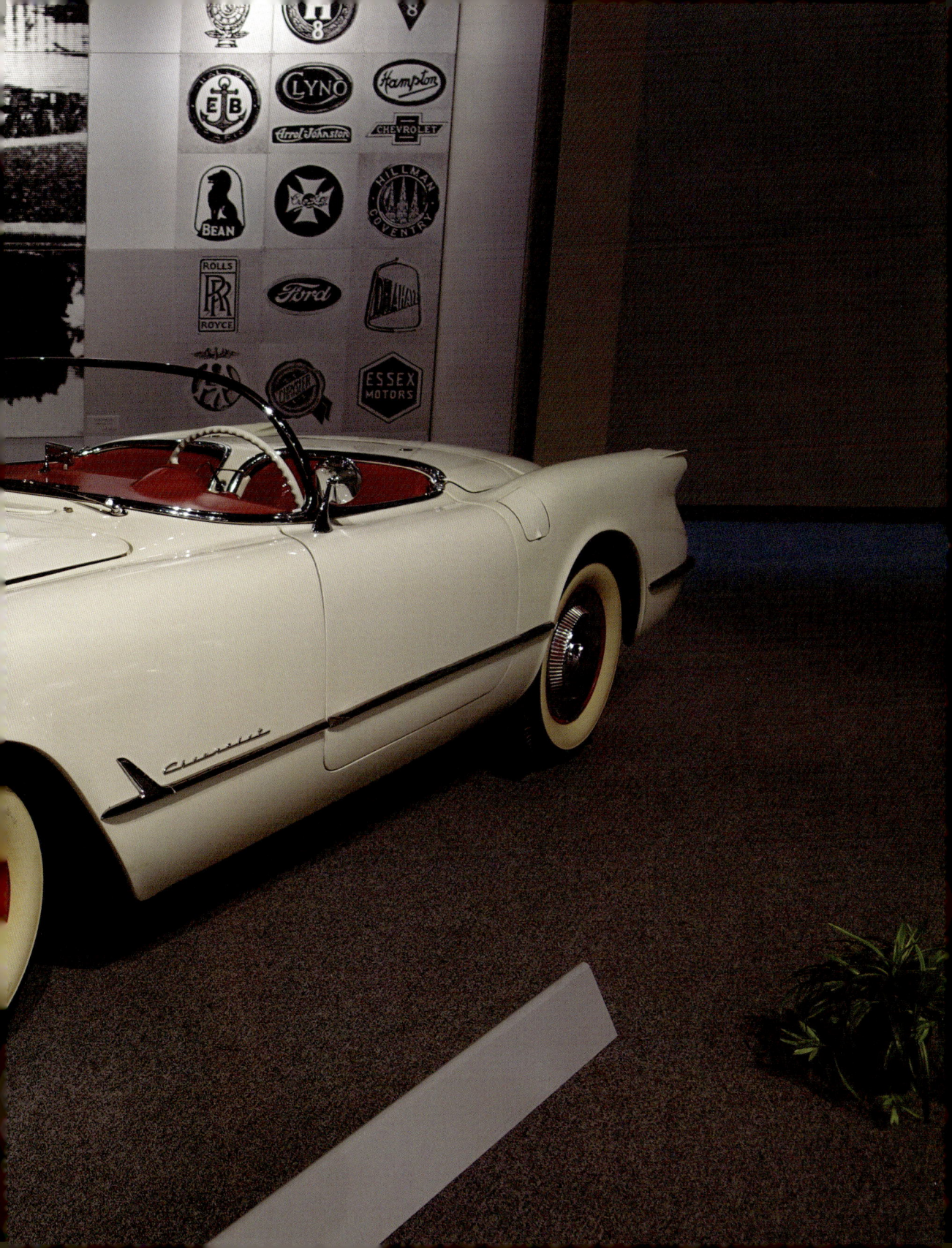

Japanese Vintage

1990년까지만 하더라도 일본 자동차는 '경제동물이 만드는 공산품' 이지미지가 강했다. 비아냥은 있었지만 일본의 명차들은 거품 경제 시기까지 꾸준하게 생산되었다. 한 때 일본 시장에서 판매되는 스포츠카의 종류만 40여 가지가 넘을 정도였고 내수판매량은 천 만 대를 기록했던 시절도 있었다. 21세기에 오면서 일본 자동차에 대한 비아냥은 사라졌다. 일본 자동차의 이런 평가가 과연 하루아침에 이루어졌을까? 결코 아니다. 과거를 돌아보며 소비자들이 원하는 다양한 차들을 만들었고 거기서 얻은 노하우가 쌓였기 때문이다. 그래서 재패니스 빈티지는 일본 내에서도 단순히 오래된 차가 아닌 역사적으로 인정을 받는 차를 지칭한다.

어쩌면 일본에서 가장 먼저 사용하기 시작한 올드카라는 단어는 일본 자동차 문화의 차별화를 외치던 자격지심에서 나온 것일지도 모른다. 토요타 2000 GT와 닛산 스카이라인, 페어레이디 Z 같은 한 시대를 풍미했던 일본차들이 국제무대에서 진정한 클래식카로 인정받으면서 올드카와 함께 이제는 재패니스 빈티지라는 용어를 함께 사용한다. 재패니스 빈티지는 일본 내수형이 중심이며 좀 더 폭넓게는 일본의 클래식카 전체를 뜻하기도 한다.

토요타 2000 GT

일본 최초의 GT 카인 토요타 2000 GT는 토요타 스포츠카 계보의 가장 앞에 있는 차이다. 공식적인 생산 대수는 337대로 전 세계적으로 매우 희귀한 모델이다. 전형적인 롱 노즈 숏 데크 스타일의 2000 GT는 디자인부터 파워트레인 설계까지 모두 토요타에서 담당한 것으로 유명하다. 크라운에 사용하던 2,000cc 직렬 6기통 2M 엔진과 2,300cc 직렬 6기통 3M 엔진을 기반으로 야마하에서 튜닝했으며 웨버 카뷰레터 3개 탑재된다. '진짜 우드 그레인'이 사용된 실내는 스포츠카의 날렵함과 GT의 우아함이 적절하게 혼합되어 있다. 실제 2000 GT는 1967년 당시 판매 가격이 포르쉐 911이나 재규어 E 타입 보다 1,000 달러 이상 높았으며, 영화 '007 두 번 산다'에는 로드스터 버전이 등장하기도 했다. 가장 높은 경매가는 2013년 4월에 진행된 클래식카 경매에서 12억 9천만 원을 기록하기도 했다. 빠르다고는 할 수 없지만 직렬 6기통 특유의 매력적인 배기음은 남자들의 가슴을 잔잔하게 뒤흔든다.

닷산 페어레이디 Z 432

닷산 이름으로 출시된 페어레이디 Z는 1969년 첫 선을 보인 이래 현재까지도 생상되는 장수 모델이다.
닛산 스포츠카의 기함이자 미국 시장을 겨냥한 페어레이디 Z는 유럽 디자인 영향을 많이 받았다.
롱노즈 숏데크 스타일은 1960년대와 1970년대 스포츠카의 유행이라고 볼 수 있는데 유려한 선과 날렵한 디자인이 특징이다.
1세대 페어레이디 Z 중에서도 가장 강력한 모델은 스카이라인 GT-R에 올렸던 160마력 엔진을 탑재한 432이다. 432의 의미는 실린더당 4밸브, 3개의 독립 스로틀, 2개의 캠 샤프트가 탑재되었다는 뜻이다.
코드네임 PS30인 페어레이디 Z 432의 최종생산 대수는 420대이다.
2000 GT, 하코스카 GT-R과 함께 국제 시장에서 인정받는 일본산 클래식카이다.

마쓰다 코스모 스포츠

1967년 발표된 마쓰다 코스모 스포츠는 마쓰다 최초의 로터리 엔진 모델이다. GT 쿠페 컨셉트로 개발된 코스모 스포츠는 세상에 나오기까지 우여곡절이 많았다. 거의 사기나 다름없었던 미완의 반켈 엔진 특허를 사들여 개발에 착수한 코스모 스포츠는 작은 배기량과 가벼운 엔진 무게를 내세웠다. 그러나 멋진 스타일링에 비해 형편없는 연비는 곧이어 불어 닥친 오일쇼크에 직격탄을 맞았으며 1972년 최종 모델이 생산되었다. 최종 생산대수는 1963년 발표된 프로토타입을 포함해 1,601대이다. 코스모 스포츠는 마쓰다 아이덴티티의 시초와 같은 모델이다. 일본 최초로 적용된 로터리 엔진(반켈 엔진)은 이후 개량을 거쳐 루체와 RX7에 탑재되었으며 각종 레이스에서 눈부신 활약을 했다. 2015년 도쿄 모터쇼에서 공개된 로터리 엔진 컨셉트카인 RX 비전은 마쓰다가 한동안 생산을 중단했던 로터리 엔진의 부활을 꿈꾸는 모델이다.

프린스 글로리아 슈퍼4 모델 41

프린스 모터스의 기함이자 이후 '기술의 닛산'을 상징하게 되는 차가 글로리아다. 1959년 발표된 글로리아는 2004년까지 닛산의 플래그십을 담당해 왔으며 이 중 1962년부터 1971년까지 생산된 2세대, 3세대 모델이 가장 인기가 좋다. 세드릭과 형제차인 글로리아는 긴 차체와 넓은 실내 공간, 부드러운 승차감으로 미국차의 영향을 많이 받았다. 사진의 차는 1964년 발표된 2세대 글로리아로 일본 내수차로는 처음으로 직렬 6기통 OHC 엔진을 탑재해 고급, 고성능 이미지를 추구했다.

혼다 N360

혼다의 두 번째 승용차이다. 경차긴 하지만 일본의 제2 경차 붐을 선도했던 모델이다. 현재 혼다의 간판 경차인 N 시리즈의 선조로 사진의 차는 1969년형이다. N360이 발표되기 전까지 일본 경차의 최강자는 스바루였으나 N360은 시판과 동시에 큰 인기를 얻어 스바루의 판매량을 뛰어 넘었다.

엔진은 직렬 2기통 354cc OHC를 채택했으며 최고 출력은 31마력이다. S800과 마찬가지로 바이크 기술이 대거 접목된 N360의 엔진은 출력은 낮지만 고회전을 돌릴 수 있는 엔진이었다.

이스즈 117 쿠페 PA90

이탈리아 디자인의 거장 조르제토 쥬지아로가 디자인을 담당한 이스즈 117 쿠페는 성능과 거주성에 집중한 모델이다. 쿠페 타입의 보디는 생각보다 실내가 넓었으며 가벼운 차체 덕에 민첩한 움직임이 가능했다.

엔진은 직렬 4기통 1,584cc DOHC를 사용했으며 최고 출력은 120마력이다. 117 쿠페 PA30은 이후 모델인 이스즈 피아자가 등장할 때까지 12년 6개월 동안 생산되는 인기를 누렸다.

스바루 레오네 에스테이트 밴 4WD

1971년 발표된 스바루 레오네는 1994년까지 꾸준한 인기를 얻었다. 임프레자의 형뻘인 레오네는 다양한 변형모델과 4륜 구동을 내세웠는데 2도어 쿠페를 비롯해 2도어 세단, 4도어 세단, 5도어 왜건, 2도어 픽업 등 다양한 모델이 선보였다.

이중 5도어 왜건인 에스테이트 밴은 일본의 거품경제가 한창이던 시절 아웃도어를 즐기는 마니아를 타깃으로 개발된 모델이다. 엔진은 1,100cc부터 1,600cc까지 생산되었으며 옵션으로 제공되던 4륜 구동은 랠리에서도 큰 활약을 한다. 레오네는 이후 스바루의 아이콘이 된 임프레자에게 그 바통을 넘겨준다.

닛산 실비아

닛산의 컴팩트 쿠페인 실비아는 1965년에 공개된 이후 같은 이름으로 2002년까지 생산되었다. 본격적인 스포츠카보다 출력이 낮지만 스포츠 감성을 강조한 스페셜티(Specialty)의 시초라 불리는 실비아는 닷산 1600 쿠페의 후속으로 개발되었다. 1세대 실비아로 불리는 코드네임 CSP311은 페어레이디 Z의 섀시를 기반으로 개발되었으며 1968년까지 총 554대가 생산된 희소성이 높은 모델이다. 이후 실비아는 2세대부터 로터리 엔진 탑재 계획이 있었으나 오일쇼크 영향으로 프로젝트 자체가 폐기되고 1975년에 와서야 2세대인 코드네임 S10이 데뷔한다. 일본의 거품 경제를 상징하던 실비아는 혼다 프렐류드와 경쟁으로도 유명하다.

Epilogue

즐거운 추억을 많이 만들었다. 책에서만 보던 오래된 차들도 많이 볼 수 있었고 개중에는 직접 운전할 수 있는 자동차도 있었다. 오래된 물건이 지금까지 남아 있고 누군가 아직도 사용하고 있다면 그 물건은 그만큼 의미가 있는 것이다. 조금은 불편하고, 조금은 까다롭지만 순수함을 찾아 떠난 여행은 원정대의 두 번째 일정은 그렇게 마무리가 되었다.

매 번 새로운 곳을 찾아다니다 보면 평소에 보이지 않았던 것들이 보인다. 낡아 버린 취재 노트와 작은 카메라는 그 모든 것을 기록한다. 인간의 기억력이 한계 때문에 이런 보조 장치들을 사용하지만 감동과 흥분까지는 기록하지 못 한다. 머릿속에 무엇을 가득 넣어 온다는 강박관념은 잊은 지 오래다. 즐기면서 몸으로 익힌 것들은 쉽게 잊히지 않는 것처럼 말이다.

일주일간의 일정은 매우 험난했다. 좋은 잠자리가 있었다는 게 다행이었지만 이불 밖을 벗어나면 한증막 같은 더위에 시달리는 것을 당연하게 생각해야 했다. 그 안에서 무엇을 얻었는지 혹은 무엇을 배웠는지 자신에게 물어본다.

다행히도 무수히 셀 수 없는 일들을 경험했으며, 돈으로 환산할 수 없는, 그 때가 아니면 다시 보기 힘든 것들을 마음속에 담아 왔으며 많은 사람들과 함께 나눌 거리가 생겼다고 대답한다. 클래식카는 시간의 개념을 잠시 혼동하게 만든다. 최첨단을 달리면서 하루하루 새로운 기술들이 쏟아지는 시대에 살고 있지만 기계적이고 아날로그 감성 가득하면서 느리게 사는 방법에 대해 알려주는 좋은 친구이다.

이번 취재를 통해 느낀 것들 중에 다행인 점은 남들 보다 어린 시기에 자동차에 관심을 갖기 시작했고 언어가 전혀 통하지 않아도 뜻을 전달할 수 있는 3가지(음악, 자동차, 몸 개그) 중에 내가 가진 것은 두 개나 된다는 점이다.

기록을 남기는 일을 하다보면 아무리 하찮은 것이라도 누군가에게는 필요할 때가 있다는 것을 많이 느낀다. 우연인지 필연인지 몰라도 지금까지 그런 일을 해왔고 앞으로도 별 일이 없으면 계속 그럴 것이다.

INDEX

모노 실린드로
Homepage
http://cilindro.jp/

아우토 니즈
Homepage
http://www.auto-needs.com/

클래식카.jp
Homepage
http://www.classiccar.jp/
Facebook
https://www.facebook.com/Classic-Car-jp-507756585950156/

타카오 선데이 미팅
Homepage
http://takaosundaymeeting.cocolog-nifty.com/
Facebook
https://www.facebook.com/tsm.jpn

911데이즈
Homepage
http://www.911days.com/
Facebook
https://www.facebook.com/911days

G 라이온 뮤지엄
Homepage
www.glion-museum.jp

토요타 오토모빌 뮤지엄
Homepage
http://www.toyota.co.jp/Museum/

닛산 글로리아 밴 ｜ 98 page
닛산 스카이라인 밴 ｜ 101 page
닛산 스카이라인 GT-R '하코스카' ｜ 79 page
닛산 실비아 ｜ 137 page
닷산 페어레이디 Z 432 ｜ 135 page
들라지 타입 D8-120 ｜ 129 page
란치아 델타 인테그랄레 에볼루치오네2 ｜ 82 page
롤스로이스 40/50HP 실버 고스트 ｜ 128 page
마쓰다 코스모 스포츠 ｜ 136 page
맥라렌 650S ｜ 78 page
부가티 타입 35B ｜ 128 page
쉐보레 콜벳 C1 ｜ 130 page
쉘비 데이토나 코브라 쿠페 ｜ 82 page
스바루 레오네 에스테이트 밴 4WD ｜ 137 page
시트로엥 CX ｜ 43 page
시트로엥 DS ｜ 43 page
시트로엥 DS21 ｜ 27 page
시트로엥 GS ｜ 43 page
시트로엥 M35 ｜ 42 page
시트로엥 SM ｜ 42 page
아바스 1000 OT ｜ 2 page

알파 로메오 2000 GTV ｜ 76 page
알파 로메오 6C 1750 그란 스포르토 ｜ 129 page
오스틴 힐리 스프라이트 ｜ 129 page
이스즈 117 쿠페 PA90 ｜ 137 page
인테그랄레 에볼루치오네2 ｜ 82 page
치시탈리아 202 쿠페 ｜ 129 page
쿤타치 ｜ 78 page
토요타 2000 GT ｜ 135 page
토요타 모델 AA ｜ 128 page
토요펫 크라운 픽업 ｜ 101 page
트라이엄프 스핏파이어 ｜ 79 page
트로얀 200 ｜ 80 page
판하드 르바소 B2 ｜ 128 page
포르쉐 356 A 스피드스터 ｜ 56 page
포르쉐 930 타르가 ｜ 90 page
포르쉐 996 GT2 ｜ 90 page
프린스 글로리아 슈퍼4 모델 41 ｜ 136 page
피아트 X1/9 ｜ 81 page
혼다 N360 ｜ 137 page
혼다 S800 ｜ 80 page
MG PA 스페셜 레이서 ｜ 81 page

Classic car in Kansai

초판1쇄 발행 2016년 4월 15일
지은이 | 황욱익
PHOTO | 황욱익, 최윤석, 김권일, 류장헌(표지, 프로필)
코디네이터 | 여성왕(클래식카 엔스 코리아), 오원탁
발행인 | 최윤석
편집, 디자인 | 디룸
교정, 교열, 감수 | 류청희
펴낸 곳 | 콜라보엑스
출판등록 | 제329-251002013000105(2013년11월22일)
주소 | 경기도 고양시 일산서구 일중로 17
홈페이지 | http://collabo-x.com
페이스북 | http://facebook.com/xcollabox/
E-mail | tag@collabo-x.com
ISBN | 979-11-951583-2-4
정가 | 15,000원

이 책은 저작권법에 따라 보호받는 저작물이므로
무단전재와 무단복제를 금합니다.